Khalil Gibran, Antoine de Saint-Exupéry, C. G. Jung
Wachsen, Werden und Vergehen

Khalil Gibran, Antoine de Saint-Exupéry,
C. G. Jung

# Wachsen, Werden und Vergehen

Benziger

Die Deutsche Bibliothek – CIP-Einheitsaufnahme

Wachsen, Werden und Vergehen / Khalil Gibran; Antoine de Saint-Exupéry;
C.G. Jung. Hrsg. von Christian Machalet. – Düsseldorf; Zürich: Benziger, 2002
ISBN 3-545-20234-8

© 2002 Patmos Verlag GmbH & Co. KG
Benziger Verlag, Düsseldorf und Zürich
Alle Rechte, einschließlich derjenigen des auszugsweisen
Abdrucks sowie der fotomechanischen und elektronischen
Wiedergabe, vorbehalten.
Umschlaggestaltung: GrafikDesign Reckels & Schneider-Reckels, Wiesbaden
Satz: Fotosatz Moers, Mönchengladbach
Druck: Clausen & Bosse, Leck
ISBN 3-545-20234-8
www.patmos.de

# Inhalt

Vorwort
7

*C. G. Jung*
Vom Werden der Persönlichkeit
11

*Antoine de Saint-Exupéry*
Ich bin der Stärkere,
wenn ich zu mir zurückfinde
39

*Khalil Gibran*
Er öffnete ihnen Augen und Herzen
55

# Vorwort

Gedanken über das Wachsen, Werden und Vergehen der menschlichen Persönlichkeit von drei sehr verschiedenen Denkern des 20. Jahrhunderts sind in diesem Band versammelt.

Da ist der Arzt und umfassend gebildete Enzyklopädist Carl Gustav Jung und daneben der im Zweiten Weltkrieg verschollene Pilot und Poet, dem wir nicht nur das Weltraummärchen vom Kleinen Prinzen verdanken, sondern auch eine Lebensphilosophie, nach der der schöpferische Mensch den Sinn seines Daseins gleichermaßen im Bemühen um seine Selbstverwirklichung als auch in der Sorge um das Wohl der Menschheitsfamilie findet. Und schließlich den im Libanon geborenen und weitgehend in den Vereinigten Staaten aufgewachsenen Künstler und Schriftsteller Khalil Gibran, der den Schatz der Religionen vor allem von deren selbsternannten Verwaltern bedroht sah.

Auf ganz unterschiedliche Weise haben sich diese drei mit den Ideologien ihrer Epoche auseinandergesetzt. Ein tief religiöses Empfinden sowie die Überzeugung, daß der Mensch, der versucht, sich von dem Transzendenten zu lösen, seine Wurzeln verliert und innerlich verarmen muß, verband sie, wie auch ihr Bemühen um das Heil des Menschen, das sie in der Übereinstimmung von Seele und Existenz erkannten.

Antoine de Saint-Exupéry schreibt in «Flug nach Arras»: «Ich verstehe den Ursprung der Achtung des Menschen voreinander. Der Gelehrte schuldet dem Kohlenträger Ach-

tung; denn durch den Kohlenträger achtet er Gott, dessen Sendbote auch der Kohlenträger ist. Was auch der hohe Wert des einen und der bescheidene des anderen sein mochten, kein Mensch konnte Anspruch darauf erheben, einen anderen zu versklaven. Man demütigt keinen Sendboten. Aber diese Achtung vor dem Menschen hatte nicht das erniedrigende Kriechen vor der Mittelmäßigkeit, vor der Dummheit oder Unwissenheit zur Folge, weil in erster Linie diese Eigenschaft eines Sendboten geehrt wurde.» Und bei C. G. Jung lesen wir in seinem 1932 in Wien gehaltenem Vortrag «Vom Werden der Persönlichkeit» (Gesammelte Werke 17): «Ich verdächtige nämlich unsere zeitgenössische pädagogische und psychologische Begeisterung für das Kind einer unehrlichen Absicht: Man spricht vom Kind, sollte aber das Kind im Erwachsenen meinen. Im Erwachsenen steckt nämlich ein Kind, *ein ewiges Kind, ein immer noch Werdendes, nie Fertiges, das beständige Pflege, Aufmerksamkeit und Erziehung bedürfte.* Das ist der Teil der menschlichen Persönlichkeit, der sich zur Ganzheit entwickeln möchte. Von dieser Ganzheit aber ist der Mensch unserer Zeit himmelweit entfernt.»
Und Khalil Gibran möchte die Botschaften der Religionen vor den kirchlichen Zugriffen bewahren, den politischen Ideologien Transzendenz verleihen und der Gefühlskälte des Materialismus die Wärme ideellen Strebens entgegensetzen. So schreibt er: «Und er fragte sich im stillen: Was sind das für verborgene Geheimnisse, die uns narren und zum besten halten? Und was für Gesetze sind es, die uns manchmal auf unwegsamen, zerklüfteten Wegen gehen lassen, auf denen wir uns wie von einer Hand geführt bewegen und die uns dann wieder vor dem Angesicht der Sonne rasten lassen, so daß wir fröhlich innehalten? Manchmal lassen sie uns den

Gipfel des Berges erreichen, und wir lächeln zufrieden, und ein anderes Mal lassen sie uns hinabstürzen bis in die Tiefen der Täler, und wir klagen vor lauter Leid.»
Wir haben es mit drei großen Denkern und in gewissen Sinne auch Mystikern und Pantheisten zu tun. Wer die Bücher Saint-Exupérys liest, hört vom Duktus der Sprache und vom Inhalt der Rede Gibrans Propheten sprechen und sieht vor sich den Arzt, der in die Welt der Mythen hinabsteigt, um die Menschen auf ihre wahren Wurzeln zu verweisen.

*Christian Machalet*

*C. G. Jung*

# Vom Werden der Persönlichkeit

In etwas freier Anlehnung an einen GOETHESCHEN Vers wird oft zitiert:

Höchstes Glück der Erdenkinder
Sei nur die Persönlichkeit

*(West-östlicher Divan,* Buch Suleika), und damit die Ansicht ausgesprochen, daß weitestes Ziel und stärkster Wunsch aller in der Entfaltung jener Ganzheit menschlichen Wesens liege, welche man als *Persönlichkeit* bezeichnet. «Erziehung zur Persönlichkeit» ist heute zu einem erzieherischen Ideal geworden im Gegensatz zu dem von der allgemeinen Massenhaftigkeit geforderten, standardisierten Kollektiv- oder Normalmenschen, in richtiger Erkenntnis der historischen Tatsache, daß die großen, befreienden Taten der Weltgeschichte von führenden Persönlichkeiten ausgegangen sind und nie von der allzeit sekundären, trägen Masse, die auch zur mindesten Bewegung stets des Demagogen bedarf. Der Jubelruf der italienischen Nation galt der Persönlichkeit des Duce, und die Klagelieder anderer Nationen beweinen die Abwesenheit der großen Führer. Die Sehnsucht nach Persönlichkeit ist zu einem wirklichen Problem geworden, das heute viele Köpfe beschäftigt, im Gegensatz zu früherer Zeit, wo nur ein einziger diese Frage erahnte, FRIEDRICH SCHILLER, dessen Briefe zur ästhetischen Erziehung seit ihrer Entstehung einen mehr als hundertjährigen Dornröschenschlaf hinter sich haben. Wir können wohl ruhig behaupten, daß

das Heilige Römische Reich Deutscher Nation von FRIEDRICH SCHILLER als Erzieher nichts gemerkt hat. Dagegen hat sich der furor teutonicus auf die Pädagogik, das heißt die Erziehung der Kinder gestürzt, Kinderpsychologie getrieben, das Infantile im erwachsenen Menschen aufgestöbert und damit aus der Kindheit einen für Leben und Schicksal dermaßen wichtigen Zustand gemacht, daß die schöpferische Bedeutung und Möglichkeit der späteren, erwachsenen Existenz daneben gänzlich in den Schatten trat. Ja, man hat unsere Zeit sogar überschwänglich als das «Zeitalter des Kindes» gepriesen. Diese maßlose Erweiterung und Ausbreitung des Kindergartens ist gleichbedeutend mit einem völligen Vergessen der von SCHILLER genial erahnten erzieherischen Problematik. Niemand wird die Wichtigkeit des Kindesalters leugnen oder auch nur unterschätzen; zu offenkundig sind die schweren, oft lebenslangen Schädigungen durch eine blödsinnige Erziehung zu Hause und in der Schule und zu unabweislich die Notwendigkeit vernünftigerer pädagogischer Methoden. Will man dieses Übel aber wirklich an der Wurzel fassen, so muß man sich allen Ernstes die Frage vorlegen: Wieso kam es und wieso kommt es immer noch, daß dumme und bornierte Erziehungsmethoden angewendet werden? Doch offenbar einzig und allein daher, daß es dumme Erzieher gibt, die keine Menschen, sondern personifizierte Methodenautomaten sind. Wer erziehen will, sei selber erzogen. Das heute immer noch praktizierte Auswendiglernen und mechanische Anwenden von Methoden ist aber keine Erziehung, weder für das Kind noch für den Erzieher selber. Man spricht anhaltend davon, das Kind müsse zur Persönlichkeit erzogen werden. Ich bewundere selbstverständlich dieses hohe erzieherische Ideal. Wer aber erzieht zur Persönlichkeit? Das sind an erster und wichtigster Stelle die gewöhnlichen, inkompetenten Eltern, die oft selber zeitlebens halbe oder ganze Kinder sind. Wer wird schließlich auch von all den gewöhnlichen Eltern erwarten, daß sie «Persönlichkeiten» seien, und wer hätte je daran gedacht, Methoden zu ersinnen, wie man den Eltern «Persönlichkeit» beibringen könnte? Darum erwartet man natürlicherweise mehr vom Pädagogen, vom ausgebildeten Fachmann, dem man ja die Psychologie schlecht und recht beigebracht hat: nämlich Gesichtspunkte von dieser oder jener – meist grundverschiedenen – Observanz, wie das Kind mutmaßlicherweise beschaffen sei und wie man es zu behandeln habe. Von den jungen Leuten, welche Pädagogik als ihren Lebensberuf erkoren haben, wird vorausgesetzt, sie seien selber erzogen. Daß sie zugleich auch schon allesamt Persönlichkeiten seien, wird wohl niemand behaupten wollen. Sie haben im großen und ganzen dieselbe defekte Erziehung gehabt wie die Kinder, die sie erziehen sollten, und sind in der Regel ebensowenig Persönlichkeiten wie diese. Unser Erziehungsproblem leidet allgemein am einseitigen Hinweis auf das zu erziehende Kind und an der ebenso einseitigen Nichtbetonung der Unerzogenheit der erwachsenen Erzieher. Jedermann mit abgeschlossenem Studiengang kommt sich als fertig erzogen, mit einem Wort als erwachsen vor. Er muß sich ja so vorkommen, er muß ja diese feste Überzeugung seiner Kompetenz haben, um im Existenzkampf bestehen zu können. Zweifel und Unsicherheitsgefühle würden lähmend und hindernd wirken, den so notwendigen Glauben an die eigene Autorität untergraben und ihn zum Berufsleben untauglich machen. Man will von ihm hören, daß er's kann und seiner Sache sicher ist, und nicht, daß er an sich und seiner Zuständigkeit zweifelt. Der Fachmann ist eben unweigerlich zur Kompetenz verdammt.

Daß dies keine idealen Zustände sind, weiß jedermann. Sie sind aber, unter den gegebenen Umständen, cum grano salis die bestmöglichen. Man könnte gar nicht absehen, wie sie anders sein könnten. Man kann vom Durchschnittserzieher schlechthin nicht mehr erwarten als von den Durchschnittseltern. Wenn sie gute Fachleute sind, so muß man sich damit ebenso zufriedengeben wie mit den Eltern, die ihre Kinder so gut wie möglich erziehen.

Das hohe Ideal der Erziehung zur Persönlichkeit verwende man besser nicht für die Kinder. Denn was man so gemeinhin unter «Persönlichkeit» versteht, nämlich *eine bestimmte, widerstandsfähige und kraftbegabte seelische Ganzheit, ist ein erwachsenes Ideal*, das man nur in einem Zeitalter, wo der einzelne des Problems seiner sogenannten Erwachsenheit noch unbewußt ist oder wo er sich – schlimmer noch – bewußt darum herumdrückt, der Kindheit zuschieben möchte. Ich verdächtige nämlich unsere zeitgenössische pädagogische und psychologische Begeisterung für das Kind einer unehrlichen Absicht: Man spricht vom Kind, sollte aber das Kind im Erwachsenen meinen. Im Erwachsenen steckt nämlich ein Kind, *ein ewiges Kind, ein immer noch Werdendes, nie Fertiges, das beständiger Pflege, Aufmerksamkeit und Erziehung bedürfte*. Das ist der Teil der menschlichen Persönlichkeit, der sich zur Ganzheit entwickeln möchte. Von dieser Ganzheit aber ist der Mensch unserer Zeit himmelweit entfernt. In dumpfer Ahnung seines Defektes bemächtigt er sich der Erziehung des Kindes und begeistert sich für Kinderpsychologie aufgrund der beliebten Annahme, daß in seiner eigenen Erziehung und kindlichen Entwicklung etwas schiefgegangen sein müsse, etwas, was bei der nächsten Generation ausgemerzt werden könne. Diese Absicht ist zwar löblich, scheitert aber an der psychologischen Tatsache, daß ich am Kinde keinen Fehler korrigieren kann, den ich selber immer noch begehe. Die Kinder sind natürlich nicht so dumm, wie wir meinen. Sie merken es nur zu gut, was echt und was unecht ist. ANDERSENS Märchen von des Königs neuen Kleidern enthält eine unsterbliche Wahrheit. Wieviele Eltern haben mir die löbliche Absicht bekundet, ihren Kindern die Erfahrungen zu ersparen, die sie selber in ihrer Kindheit machen mußten. Und wenn ich fragte: «Aber sind Sie sicher, daß Sie diese Fehler selber überwunden haben?» so waren sie ganz überzeugt, daß die Schädigung bei ihnen längst korrigiert sei. In Wirklichkeit war sie es aber nicht. Waren sie als Kinder zu streng erzogen worden, so verdarben sie ihre eigenen Kinder mit einer ans Geschmacklose streifenden Toleranz; waren ihnen in der Kindheit gewisse Lebensgebiete peinlich verhüllt worden, so wurden diese nun den eigenen Kindern ebenso peinlich und aufklärerisch eröffnet. Sie waren also nur ins andere Extrem gefallen, ein stärkster Beweis für die tragische Fortdauer der alten Sünde! Das war ihnen völlig entgangen.

Alles, was wir an den Kindern ändern wollen, sollten wir zunächst wohl aufmerksam prüfen, ob es nicht etwas sei, was besser an uns zu ändern wäre, so zum Beispiel unser pädagogischer Enthusiasmus. Vielleicht wäre er auf uns gemünzt. Vielleicht verkennen wir das pädagogische Bedürfnis, weil es uns unbequemerweise daran erinnern würde, daß wir selber noch irgendwie Kinder sind und der Erziehung in hohem Maße bedürfen.

Auf alle Fälle scheint mir dieser Zweifel unbedingt angebracht zu sein, wenn man die Kinder schon zu «Persönlichkeiten» erziehen möchte. Persönlichkeit ist ein Keim im Kinde, der sich nur durch das und im Leben allmählich entwickelt. Ohne *Bestimmtheit*, *Ganzheit* und *Reifung* wird keine Persönlichkeit offenbar. Diese drei Eigenschaften können und sollen dem Kinde nicht eignen, denn durch sie würde es der Kindheit beraubt. Es würde ein unnatürlicher frühreifer Ersatzerwachsener. Aber solche monstra hat moderne Erziehung schon hervorgebracht, namentlich in jenen Fällen, wo die Eltern einen wahren Fanatismus dreinsetzen, stets und immer ihr «Bestes» für die Kinder zu tun und «nur für sie zu leben». Dieses so oft gehörte Ideal verhindert die Eltern aufs wirksamste, sich selber zu entwickeln, und es befähigt sie, ihr eigenes «Bestes» den Kindern aufzudrängen. Was aber in Wirklichkeit dieses sogenannte Beste ist, das ist das, was die Eltern bei sich selber in höchstem Maße vernachlässigt haben. Die Kinder werden so zu Leistungen angespornt, welche die Eltern nie vollbracht haben, und es werden ihnen Ambitionen aufgedrängt, welche die Eltern nie erfüllt haben. Solche Methoden und Ideale erzeugen erzieherische Monstrositäten.

Zur Persönlichkeit kann niemand erziehen, der sie nicht selber hat. Und nicht das Kind, sondern nur der Erwachsene kann Persönlichkeit erreichen als reife Frucht einer auf dieses Ziel eingestellten Lebensleistung. Denn in der Erreichung der Persönlichkeit liegt nichts Geringeres als die bestmögliche Entfaltung des Ganzen eines besonderen Einzelwesens. Es ist gar nicht abzusehen, was für eine unendliche Zahl von Bedingungen hierzu zu erfüllen ist. Es ist ein ganzes Menschenleben mit allen seinen biologischen, sozialen und seelischen Aspekten dazu nötig. Persönlichkeit ist höchste Verwirklichung der eingeborenen Eigenart des besonderen lebenden Wesens. Persönlichkeit ist die Tat des höchsten Lebensmutes, der absoluten Bejahung des individuell Seienden und der erfolgreichsten Anpassung an das universal Gegebene bei größtmöglicher Freiheit der eigenen Entscheidung.

Jemanden *dazu* zu erziehen, scheint mir keine geringe Sache zu sein. Es ist wohl die größte Aufgabe, die sich die moderne Geisteswelt gesetzt hat. Eine gefährliche Aufgabe fürwahr, gefährlich in einem Umfang, den selbst SCHILLER, der sich doch als erster prophetisch in diese Problematik hineingewagt hat, nicht annähernd geahnt hat. Sie ist so gefährlich wie das kühne und rücksichtslose Unternehmen der Natur, Frauen Kinder gebären zu lassen. Wäre es nicht ein frevelhaftes prometheisches oder gar luziferisches Wagnis, wenn ein Übermensch sich erdreistete, in seiner Retorte einen Homunkulus, der sich zu einem Golem auswüchse, entstehen zu lassen? Und doch täte er nicht mehr, als die Natur tagtäglich tut. Es gibt keine menschliche Scheußlichkeit und Abnormität, die nicht einer liebenden Mutter im Schoße gelegen hätte. Wie die Sonne über Gerechte und Ungerechte strahlt, und wie tragende und nährende Mütter Kinder Gottes und des Teufels mit der gleichen Liebe betreuen, unbekümmert um die möglichen Folgen, so sind auch wir Teile dieser sonderbaren Natur, welche, wie sie, Unabsehbares in sich tragen.

Die Persönlichkeit entwickelt sich im Laufe des Lebens aus schwer oder gar undeutbaren Keimanlagen, und erst durch unsere Tat wird es offenbar, wer wir sind. Wir sind wie die Sonne, welche das Leben der Erde nährt und allerhand Schönes, Seltsames und Übles hervorbringt; wir sind wie die Mütter, die unbekanntes Glück und Leiden im Schoße tragen. Wir wissen zunächst nicht, welche Taten oder Untaten, welches Schicksal, welches Gute und welches Böse wir enthalten; und erst der Herbst wird zeigen, was der Frühling gezeugt hat, und erst am Abend wird deutlich sein, was der Morgen begann.

Die Persönlichkeit als eine völlige Verwirklichung der Ganzheit unseres Wesens ist ein unerreichbares Ideal. Die Unerreichbarkeit ist aber nie ein Gegengrund gegen ein Ideal, denn Ideale sind nichts als Wegweiser und niemals Ziele. Wie das Kind sich entwickeln muß, um erzogen zu werden, so muß sich auch die Persönlichkeit zuerst entfalten, bevor sie der Erziehung unterworfen werden kann. Und hier schon beginnt die Gefahr. Wir haben es mit etwas Unabsehbarem zu tun, wir wissen nicht, wie und wohin sich die werdende Persönlichkeit entwickeln wird, und wir haben genug von Natur und Weltwirklichkeit gelernt, um mit Recht etwas mißtrauisch zu sein. Wir sind sogar von der christlichen Lehre im Glauben an das ursprünglich Böse der menschlichen Natur erzogen worden. Aber selbst solche, die sich nicht mehr an die christliche Lehre halten, sind natürlicherweise mißtrauisch und ängstlich in bezug auf die in ihren Untergründen liegenden Möglichkeiten. Selbst aufgeklärte, materialistische Psychologen wie FREUD geben uns eine sehr unangenehme Idee von den schlummernden seelischen Hinter- und Abgründen menschlicher Natur. Es bedeutet daher an sich schon fast ein Wagnis, für die Entfaltung der Persönlichkeit ein gutes Wort einzulegen. Der menschliche Geist steckt aber voll der seltsamsten Widersprüche. Wir preisen die «heilige Mutterschaft» und denken nicht daran, sie für alle menschlichen Monstren, wie Schwerverbrecher, gefährliche Geisteskranke, Epileptiker, Idioten und Krüppel jeglicher Art, die doch auch geboren werden, verantwortlich zu machen. Wir sind aber von den schwersten Zweifeln befallen, wenn wir der menschlichen Persönlichkeit freie Entwicklung gewähren sollen. «Dann wäre ja alles möglich», heißt es. Oder man wärmt den schwachbegabten Einwurf des «Individualismus» wieder auf. Individualismus war noch nie eine natürliche Entwicklung, sondern eine unnatürliche

Usurpation, eine unangepaßte, impertinente Pose, die ihre Hohlheit oft bei der geringsten Schwierigkeit schon mit einem Zusammenbruch erweist. Hier handelt es sich um anderes.

Niemand nämlich entwickelt seine Persönlichkeit, weil ihm jemand gesagt hat, es wäre nützlich oder ratsam, es zu tun. Die Natur hat sich durch wohlmeinende Ratschläge noch nie imponieren lassen. Nur kausal wirkender Zwang bewegt die Natur, auch die menschliche. Ohne Not verändert sich nichts, am wenigsten die menschliche Persönlichkeit. Sie ist ungeheuer konservativ, um nicht zu sagen *inert*. Nur schärfste Not vermag sie aufzujagen. So gehorcht auch die Entwicklung der Persönlichkeit keinem Wunsch, keinem Befehl und keiner Einsicht, sondern nur der *Not;* sie bedarf des motivierenden Zwanges innerer oder äußerer Schicksale. Jede andere Entwicklung wäre eben Individualismus. Darum bedeutet auch der Vorwurf des Individualismus eine gemeine Beschimpfung, wenn er gegenüber einer natürlichen Persönlichkeitsentwicklung erhoben wird.

Das Wort: «Viele sind berufen, und wenige sind auserwählt», gilt hier wie nirgends; denn die Entwicklung der Persönlichkeit aus ihren Keimanlagen zur völligen Bewußtheit ist ein Charisma und zugleich ein Fluch: Ihre erste Folge ist die bewußte und unvermeidliche Absonderung des Einzelwesens von der Ununterschiedenheit und Unbewußtheit der Herde. Das ist *Vereinsamung,* und dafür gibt es kein tröstlicheres Wort. Davon befreit auch keine noch so erfolgreiche Anpassung oder noch so reibungslose Einpassung in die bestehende Umgebung, keine Familie, keine Gesellschaft und keine Position. Die Entwicklung der Persönlichkeit ist ein solches Glück, daß man es nur teuer bezahlen kann. Wer am meisten von der Entfaltung der Persönlichkeit spricht, denkt am wenigsten an die Folgen, die an sich schon schwächere Geister aufs gründlichste abschrecken.

Entwicklung der Persönlichkeit aber heißt noch mehr als bloße Befürchtung abnormer Ausgeburten oder der Vereinsamung, sie heißt auch: *Treue zum eigenen Gesetz.*

Für das Wort Treue möchte ich hier am liebsten das griechische Wort des Neuen Testamentes, nämlich πίστις, das irrtümlicherweise mit «Glauben» übersetzt wird, verwenden. Es heißt aber eigentlich Vertrauen, vertrauensvolle Loyalität. Die Treue zum eigenen Gesetz ist ein Vertrauen auf dieses Gesetz, ein loyales Ausharren und vertrauensvolles Hoffen, eine Einstellung mithin, wie sie der religiöse Mensch Gott gegenüber haben soll. Und hier wird es nun deutlich, ein wie ungeheuer folgenschweres Dilemma den Hintergründen unseres Problems enttaucht: Die Persönlichkeit nämlich kann sich niemals entfalten, ohne daß man bewußt und mit bewußter moralischer Entscheidung *den eigenen Weg* wählt. Nicht nur das kausale Motiv, die Not, sondern auch die bewußte moralische Entscheidung muß ihre Kraft dem Prozeß der Persönlichkeitsentwicklung leihen. Fehlt das erstere, nämlich die Not, dann wäre die sogenannte Entwicklung bloße Willensakrobatik; fehlt das letztere, nämlich die bewußte Entscheidung, so bliebe die Entwicklung im dumpfen, unbewußten Automatismus stekken. Man kann sich aber moralisch für den eigenen Weg nur dann entscheiden, *wenn man ihn für das Beste hält.* Wenn irgendein anderer Weg für besser gehalten werden sollte, so würde an Stelle der eigenen Persönlichkeit jener gelebt und damit entwickelt. Die anderen Wege sind die Konventionen moralischer, sozialer, politischer, philosophischer und religiöser Natur. Die Tatsache, daß die Konventionen immer in irgendeiner Art blühen, beweist, daß die erdrückende

Mehrzahl der Menschen nicht den eigenen Weg, sondern die Konvention wählt und infolgedessen nicht sich selbst entwickelt, sondern eine Methode, und damit ein collectivum auf Kosten der eigenen Ganzheit.

Wie das seelische und soziale Leben der Menschen auf primitiver Stufe ein ausschließliches Gruppenleben bei hochgradiger Unbewußtheit des Individuums ist, so ist auch der spätere historische Entwicklungsprozeß in der Hauptsache eine Kollektivangelegenheit und wird es wohl auch bleiben. Deshalb glaube ich an die Konvention als an eine kollektive Notwendigkeit. Sie ist ein Notbehelf, aber kein Ideal, weder in sittlicher noch in religiöser Beziehung, denn Unterwerfung an sie bedeutet immer Verzicht auf Ganzheit und eine Flucht vor den eigenen letzten Konsequenzen.

Die Unternehmung der Persönlichkeitsentwicklung ist in der Tat ein unpopuläres Wagnis, ein unsympathisches Abseits von der breiten Straße, eine eremitenhafte Eigenbrödelei, wie es den Außenstehenden bedünken will. Kein Wunder daher, daß von jeher nur die wenigen auf diese sonderbare Aventure verfallen sind. Wären es allesamt Narren gewesen, so könnten wir sie als ἰδιῶται, als geistige «Privatleute», aus dem Blickfeld unseres Interesses entlassen. Unglücklicherweise aber sind die Persönlichkeiten in der Regel die legendären Helden der Menschheit, die Bewunderten, die Geliebten, Angebeteten, die wahren Gottessöhne, deren Namen «nicht in Äonen untergehn». Sie sind die echten Blüten und Früchte, die weiterzeugenden Samen des Menschheitsbaumes. Der Hinweis auf die historischen Persönlichkeiten erklärt hinlänglich, warum die Entwicklung zur Persönlichkeit ein Ideal und warum der Vorwurf des Individualismus eine Beschimpfung ist. Die Größe der historischen Persönlichkeit hat niemals in ihrer unbedingten Unterwerfung an die Konvention, sondern im Gegenteil in ihrer erlösenden Freiheit *von* der Konvention bestanden. Sie ragten wie Berggipfel aus der Masse, die sich an kollektive Ängste, Überzeugungen, Gesetze und Methoden klammerte, hervor und wählten den eigenen Weg. Und immer kam es dem gewöhnlichen Menschen wunderlich vor, daß einer den gebahnten Wegen mit bekannten Zielen einem steilen und schmalen Pfad, der ins Unbekannte führt, vorziehen sollte. Deshalb hielt man immer dafür, daß ein solcher, wenn nicht wahnsinnig, so doch von einem Dämon oder Gott bewohnt sei; denn dieses Wunder, daß einer es anders tun könnte, als es die Menschheit seit jeher getan hat, konnte nur aus einer Begabung mit dämonischer Kraft oder göttlichem Geist erklärt werden. Was anderes schließlich konnte dem Schwergewicht der ganzen Menschheit und der ewigen Gewohnheit die Waage halten als ein Gott? Von jeher hatten die Helden daher dämonische Attribute. Nach der nordischen Auffassung hatten sie Schlangenaugen; ihre Geburt oder Abstammung war sonderbar. Gewisse alte griechische Helden hatten Schlangenseelen, andere hatten einen Individualdämon, waren Zauberer oder von Gott Erwählte. Alle diese Attribute, die sich leicht um ein Vielfaches vermehren ließen, zeigen, daß für den gewöhnlichen Mann die hervorragende Persönlichkeit eine sozusagen *übernatürliche Erscheinung* ist, die nur durch das Dazutreten eines dämonischen Faktors erklärt werden kann.

Was veranlaßt schließlich einen, den eigenen Weg zu wählen und dadurch aus der unbewußten Identität mit der Masse wie aus einer Nebelschicht emporzusteigen? Die Not kann es nicht sein, denn Not kommt an viele, und sie retten sich alle in die Konventionen. Die moralische Entscheidung kann es nicht sein, denn in der Regel entscheidet man sich

für die Konventionen. Was ist es also, das unerbittlich den Ausschlag zugunsten des *Ungewöhnlichen* gibt?
Es ist das, was man *Bestimmung* nennt; ein irrationaler Faktor, der schicksalhaft zur Emanzipation von der Herde und ihren ausgetretenen Wegen drängt. Echte Persönlichkeit hat immer Bestimmung und glaubt an sie, hat pistis zu ihr wie zu Gott, obschon es, wie der gewöhnliche Mann sagen würde, nur ein individuelles Bestimmungsgefühl ist. Diese Bestimmung wirkt aber wie ein Gesetz Gottes, von dem es kein Abweichen gibt. Die Tatsache, daß sehr viele an ihrem eigenen Weg zugrunde gehen, bedeutet dem, der Bestimmung hat, nichts. Er *muß* dem eigenen Gesetz gehorchen, wie wenn es ein Dämon wäre, der ihm neue, seltsame Wege einflüstert. Wer *Bestimmung* hat, hört die *Stimme des Innern,* er ist *bestimmt*. Deshalb glaubt auch die Sage, daß er einen privaten Dämon habe, der ihn berät und dessen Aufträge er auszuführen hat. Ein allbekanntes Beispiel dieser Art ist Faust, und ein historischer Fall ist das daimonion des Sokrates. Primitive Medizinmänner haben ihre Schlangengeister, wie auch Äskulap, der Schutzpatron der Ärzte, durch die epidaurische Schlange dargestellt war. Überdies hatte er als Privatdämon den Kabiren Telesphoros, der ihm anscheinend die Rezepte vorlas respektive eingab.
*Bestimmung haben* heißt im Ursinn: *von einer Stimme angesprochen sein.* Schönste Beispiele hiefür findet man in den Bekenntnissen der alttestamentlichen Propheten. Daß dies nicht bloß eine altertümliche façon de parler ist, beweisen die Bekenntnisse historischer Persönlichkeiten, wie Goethe und Napoleon, um zwei naheliegende Beispiele zu erwähnen, die aus ihrem Bestimmungsgefühl kein Hehl machten.
Die Bestimmung oder das Bestimmungsgefühl ist nun nicht

etwa die Prärogative der großen Persönlichkeiten, sondern auch der kleinen bis hinunter zum Duodezformat; nur wird es mit abnehmender Größe schleierhafter und unbewußter. Es ist, wie wenn die Stimme des inneren Dämons ferner und ferner rückte und seltener und undeutlicher spräche. Je kleiner nämlich die Persönlichkeit ist, desto unbestimmter und unbewußter wird sie, und schließlich verschwimmt sie ununterschieden mit der Sozietät, dadurch der eigenen Ganzheit sich begebend und sich dafür im Ganzen der Gruppe auflösend. An Stelle der Stimme des Inneren tritt die Stimme der sozialen Gruppe und ihrer Konventionen, und an Stelle der Bestimmung die kollektiven Bedürfnisse. Nicht wenigen aber geschieht es, auch in diesem unbewußten Sozialzustand, von der individuellen Stimme aufgerufen zu werden, wodurch sie sofort von den anderen unterschieden sind und sich vor ein Problem gestellt fühlen, um das die anderen nicht wissen. Meist ist es unmöglich, dem Mitmenschen zu erklären, was geschehen ist, denn das Verständnis ist durch stärkste Vorurteile zugemauert. «Man ist wie alle anderen», «so etwas gibt es nicht», oder wenn es ist, so ist es natürlich «krankhaft», überdies höchst unzweckmäßig, eine «ungeheuerliche Anmaßung, zu meinen, daß so etwas eine Bedeutung haben könnte», es ist ja «nichts als Psychologie». Gerade der letzte Einwand ist heutzutage höchst populär. Er geht hervor aus einer seltsamen Unterschätzung des Seelischen, welches man anscheinend als etwas persönlich Willkürliches und darum gänzlich Futiles ansieht, paradoxerweise bei aller psychologischen Begeisterung. Das Unbewußte ist doch «nichts als Phantasie»! Man hat etwas «bloß gedacht» usw. Man kommt sich vor wie Magier, welche das Seelische hin- und herzaubern und es so gestalten, wie einen die Laune ankommt. Man negiert Unbequemes, und Unerwünschtes wird sublimiert, Ängstliches wird wegerklärt, Irrtümer werden berichtigt, und am Schluß meint man, man hätte nun alles trefflich arrangiert. Dabei hat man die Hauptsache vergessen: nämlich, daß das Psychische nur zum geringsten Teil mit dem Bewußtsein und seinen Zauberkunststücken identisch ist, zum weitaus größeren Teil ist es unbewußte Tatsache, die hart und schwer wie der Granit unbeweglich und unzugänglich daliegt und jederzeit, sobald es unbekannten Gesetzen beliebt, auf uns niederstürzen kann. Die gigantischen Katastrophen, die *uns* bedrohen, sind keine Elementarereignisse physischer oder biologischer Natur, sondern psychische Ereignisse. Uns bedrohen in schreckenerregendem Maße Kriege und Revolutionen, die nichts anderes sind als psychische Epidemien. Jederzeit können einige Millionen Menschen von einem Wahn befallen werden, und dann haben wir wieder einen Weltkrieg oder eine verheerende Revolution. Statt wilden Tieren, stürzenden Felsen, überflutenden Gewässern ausgesetzt zu sein, ist der Mensch jetzt seinen seelischen Elementargewalten ausgesetzt. Das Psychische ist eine Großmacht, die alle Mächte der Erde um ein Vielfaches übersteigt. Die Aufklärung, welche die Natur und die menschlichen Institutionen entgöttert hat, hat den *einen Gott des Schreckens,* der in der Seele wohnt, übersehen. Gottesfurcht ist vor der Übermacht des Psychischen, wenn irgendwo, am Platze.

Das sind jedoch alles bloße Abstraktionen. Jedermann weiß, daß der Tausendsassa Intellekt es so und noch ganz anders sagen kann. Ein anderes hingegen ist es, wenn dieses objektive, granitharte und bleischwere Psychische dem einzelnen als innere Erfahrung entgegentritt und mit vernehmlicher Stimme zu ihm spricht: «So wird und muß es gehen.» Dann fühlt er sich bestimmt, gerade so wie die sozialen Gruppen, wenn es Krieg heißt oder Revolution oder sonst ein Wahn. Nicht vergebens ist es gerade unsere Zeit, die nach der erlösenden Persönlichkeit ruft, das heißt nach dem, der sich von der unentrinnbaren Kollektivitätsmacht unterscheidet und damit wenigstens seelisch sich befreit und den anderen ein hoffnungsvolles Leuchtfeuer anzündet, welches bekundet, daß es wenigstens *einem* gelungen ist, der verhängnisvollen Identität mit der Gruppenseele zu entrinnen. Die Gruppe hat nämlich wegen ihrer Unbewußtheit keine freie Entscheidung, weshalb das Psychische sich in ihr auswirkt wie ein ungehemmtes Naturgesetz. Es entsteht ein kausalgebundener Ablauf, der erst mit der Katastrophe zum Stillstand kommt. Das Volk sehnt sich immer nach einem Helden, einem Drachentöter, wenn es die Gefahr des Psychischen fühlt, daher der Schrei nach der Persönlichkeit.

Was aber hat die einzelne Persönlichkeit mit der Not der vielen zu tun? Sie ist zunächst ja Teil des Volksganzen und der Gewalt, die das Ganze bewegt, ebenso ausgeliefert wie alle anderen. Das einzige, was diesen Menschen von allen anderen unterscheidet, ist seine Bestimmung. Er ist aufgerufen von jenem übergewaltigen, allgemein bedrückenden Psychischen, das seine und des Volkes Not ist. Gehorcht er der Stimme, so ist er unterschieden und isoliert, denn er hat sich entschlossen, dem Gesetz zu folgen, das ihm aus seinem Inneren entgegentrat. «Seinem eigenen Gesetze», werden alle rufen. Er allein weiß es besser, muß es besser wissen: Es ist *das* Gesetz, *die* Bestimmung, so wenig sein «eigen» wie der Löwe, der ihn niederschlägt, obschon dies doch zweifellos der Löwe ist, der ihn tötet, und nicht irgendein anderer Löwe. In diesem Sinne bloß kann er von «seiner» Bestimmung, «seinem» Gesetz reden.

Schon mit der Entscheidung, seinen eigenen Weg über alle

Wege zu setzen, hat er seine erlösende Bestimmung zum großen Teil erfüllt. Er hat die Gültigkeit aller anderen Wege für sich aufgehoben. Er hat *sein* Gesetz über alle Konventionen gestellt und damit alles für sich auf die Seite geräumt, was die große Gefahr nicht nur verhindert, sondern sogar herbeigeführt hat. Konventionen sind nämlich an sich seelenlose Mechanismen, welche nie mehr können, als die Routine des Lebens erfassen. Das schöpferische Leben aber ist immer jenseits der Konvention. Daher kommt es, daß, wenn die bloße Routine des Lebens in der Form althergebrachter Konventionen vorherrscht, ein zerstörender Ausbruch der schöpferischen Kräfte erfolgen *muß*. Dieser Ausbruch ist aber nur katastrophal als *Massenerscheinung*, niemals aber im einzelnen, der sich bewußt diesen höheren Kräften unterordnet und sein Können in ihren Dienst stellt. Der Mechanismus der Konvention hält die Menschen *unbewußt*, denn dann können sie wie das Wild auf altgewohnten Wechseln gehen, ohne Notwendigkeit bewußter Entscheidung. Diese unbeabsichtigte Wirkung auch der besten Konvention ist unvermeidlich, jedoch nicht minder eine furchtbare Gefahr. Denn wie beim Tier, so tritt auch bei den durch Routine unbewußt gehaltenen Menschen Panik mit all ihren unabsehbaren Folgen ein, wenn neue, durch die alten Konventionen nicht vorgesehene Umstände eintreten.

Persönlichkeit aber läßt sich von der Panik der Erwachenden nicht ergreifen, denn sie hat den Schrecken schon hinter sich. Sie ist der Veränderung der Zeit gewachsen und unwissentlich und unwillentlich *Führer*.

Gewiß sind alle Menschen auch einander gleich, denn sonst könnten sie nicht demselben Wahn unterliegen, und sicherlich ist der seelische Untergrund, auf dem das individuelle Bewußtsein ruht, ein universal gleichartiger, denn sonst könnten sich Menschen gegenseitig nie verständigen. So ist auch in diesem Sinne die Persönlichkeit und ihre eigentümliche seelische Beschaffenheit nicht etwas absolut Einmaliges und Einzigartiges. Die Einzigartigkeit gilt nur für die *Individualität* der Persönlichkeit, wie sie für jegliche Individualität gilt. Persönlichkeit zu werden, ist nicht die absolute Prärogative des genialen Menschen. Ja, er kann genial sein, ohne Persönlichkeit zu haben oder zu sein. Insofern jedes Individuum sein ihm eingeborenes Lebensgesetz hat, hat jeder die theoretische Möglichkeit, diesem Gesetz vor allen zu folgen und damit zur Persönlichkeit zu werden, das heißt Ganzheit zu erlangen. Da nun aber das Lebendige nur in Form lebender Einheiten, das heißt Individuen existiert, so zielt das Lebensgesetz in letzter Linie immer auf ein *individuell gelebtes Leben*. Obschon also das Objektiv-Psychische, das man im Grunde gar nicht anders denken kann denn als eine universale und gleichartige Gegebenheit, dieselbe seelische Vorbedingung für alle Menschen bedeutet, so muß es sich, sobald es in Erscheinung treten will, individuieren, denn es bleibt ihm gar keine Wahl, als sich durch das Einzelindividuum auszudrücken. Es sei denn, daß es eine Gruppe ergreift, wo es dann aber naturgemäß zur Katastrophe führt, und dies einfach darum, weil es nur unbewußt wirkte, von keinem Bewußtsein assimiliert und allen anderen schon vorhandenen Lebensbedingungen eingeordnet wurde.

Nur wer *bewußt* zur Macht der ihm entgegentretenden inneren Bestimmung ja sagen kann, wird zur Persönlichkeit; wer ihr aber unterliegt, verfällt dem blinden Ablauf des Geschehens und wird vernichtet. Das ist das Große und Erlösende jeder echten Persönlichkeit, daß sie sich mit freiwilliger Entscheidung ihrer Bestimmung zum Opfer bringt und mit Bewußtsein das in ihre individuelle Wirklichkeit übersetzt, was, von der Gruppe unbewußt gelebt, nur zum Verderben führen würde.

Eines der glänzenden Beispiele des Lebens und des Sinnes einer Persönlichkeit, das uns die Geschichte aufbewahrt hat, ist das Leben Christi. Dem römischen Cäsarenwahn, der nicht etwa nur dem Kaiser, sondern jedem Römer – «civis Romanus sum» – eignete, entstand ein Gegenspieler im Christentum, das, beiläufig erwähnt, die einzige Religion war, die von den Römern wirklich verfolgt wurde. Der Gegensatz zeigte sich, wo immer Cäsarenkult und Christentum aufeinanderprallten. Wie wir aber aus den Andeutungen der Evangelien über den seelischen Werdegang der Persönlichkeit Christi wissen, spielte dieser Gegensatz auch in der Seele des Stifters der christlichen Religion die ausschlaggebende Rolle. Die Versuchungsgeschichte zeigt uns deutlich, mit was für einer psychischen Macht Jesus zusammengestoßen ist: Es war der Machtteufel der zeitgenössischen Psychologie, der ihn in der Wüste in ernstliche Versuchung führte. Dieser Teufel war das Objektiv-Psychische, welches alle Völker des römischen Imperiums in seinem Bann hielt; darum auch versprach er Jesus alle Reiche der Erde, wie wenn er ihn zum Cäsar hätte machen wollen. Der inneren Stimme, seiner Bestimmung und Berufung folgend, hat Jesus sich dem Anfall des imperialistischen Wahnes, der alle erfüllte – Sieger und Besiegte –, freiwillig ausgesetzt. Damit erkannte er die Natur des Objektiv-Psychischen, das alle Welt in einen leidensvollen Zustand versetzte und eine Erlösungssehnsucht zeitigte, die auch bei heidnischen Dichtern ihren Ausdruck fand. Diesen seelischen Anfall, den er bewußt auf sich wirken ließ, unterdrückte er nicht und ließ sich auch von ihm nicht unterdrücken, sondern er assimilierte ihn. Und so wurde aus dem weltbeherrschenden Cäsar ein geistiges Königtum und aus dem Imperium Romanum ein universales, unweltliches Gottesreich. Wo das gesamte jüdische Volk als Messias einen ebenso imperialistischen als politisch tatkräftigen Helden erwartete, hat Christus die messianische Bestimmung weniger für seine Nation als für die römische Welt erfüllt und die Menschheit auf die alte Wahrheit hingewiesen, daß, wo Macht herrscht, keine Liebe ist, und wo Liebe herrscht, keine Macht gilt. Die Religion der Liebe war der genaue psychologische Gegensatz zur römischen Machtteufelei.

Das Beispiel des Christentums illustriert wohl am besten meine vorhergehenden, abstrakten Erörterungen. Dieses anscheinend einzigartige Leben ist deshalb zum geheiligten Symbol geworden, weil es der psychologische Prototyp des einzig sinnvollen Lebens ist, nämlich eines Lebens, welches nach der individuellen, das heißt absoluten und unbedingten Verwirklichung seines ihm eigentümlichen Gesetzes strebt. In diesem Sinne kann man mit TERTULLIAN ausrufen: «Anima naturaliter christiana» [die von Natur aus christliche Seele]!

Die Deifikation Jesu sowohl wie Buddhas verwundert nicht, beweist aber schlagend die ungeheure Wertschätzung, welche die Menschheit diesen Helden und damit dem Ideal der Persönlichkeitswerdung entgegenbringt. Wenn es gegenwärtig den Anschein hat, als ob das blinde und zerstörerische Vorwiegen sinnloser Kollektivmächte das Persönlichkeitsideal in den Hintergrund drängen würde, so ist dies nur eine vorübergehende Auflehnung gegen die Übermacht der Historie. Ist einmal durch die revolutionäre, unhistorische und daher auch ungebildete Neigung der neuen Generation die Tradition genügend abgerissen, so werden Helden wieder gesucht und gefunden. Selbst der Bolschewismus, der an Radikalismus nichts zu wünschen übrigläßt, hat LENIN einbalsamiert und aus KARL MARX einen Heiland gemacht. Das Persönlichkeitsideal ist ein unausrottbares Bedürfnis der menschlichen Seele, die es mit um so größerem Fanatismus verteidigt, je unpassender es angelegt ist. Ja, selbst der Cäsarenkult war ein mißverstandener Persönlichkeitskultus, und der moderne Protestantismus, dessen kritische Theologie die *Göttlichkeit* Christi immer mehr zum Schwinden brachte, hat seine letzte Zuflucht in der *Persönlichkeit* Jesu genommen.

Ja, es ist eine große und geheimnisvolle Sache um das, was man als «Persönlichkeit» bezeichnet. Alles, was man darüber sagen kann, ist immer sonderbar unbefriedigend und inadäquat, und stets droht die Gefahr, daß die Diskussion in ein ebenso überschwängliches wie hohles Geschwätz sich verliert. Selbst der Begriff der Persönlichkeit ist im gemeinen Sprachgebrauch ein so vages und schlecht definiertes Wort, daß man wohl kaum zwei Köpfe findet, die dasselbe darunter verstehen. Wenn ich hier eine bestimmte Auffassung proponiere, so bilde ich mir nicht ein, daß damit das letzte Wort gesagt sei. Ich möchte alles, was ich hier sage, nur als einen Versuch betrachten, mich dem Problem der Persönlichkeit zu nähern, ohne Anspruch, es auch zu lösen. Eigentlich möchte ich meinen Versuch lieber als eine Beschreibung des psychologischen Problems der Persönlichkeit auffassen. Die gewöhnlichen psychologischen Mittelchen und Tinkturen versagen hier alle ein bißchen, genau so wie beim Problem des genialen oder schöpferischen Menschen. Die Ableitung aus der familiären Heredität und aus dem Milieu gelingt nicht ganz: Die heute so beliebte Kindheitsromantik verläuft – milde gesagt – im Uneigentlichen; die Erklärung aus der Not – kein Geld, krank usw. – bleibt im Äußeren stecken. Immer kommt ein Irrationales, nicht zu Rationalisierendes dazu, ein deus ex machina oder ein asylum ignorantiae, dieser bekannte Übername Gottes. Das Problem scheint hier in einen außermenschlichen Bereich zu greifen, wofür seit jeher irgendein Gottesname gesetzt wird. Wie ersichtlich, mußte auch ich die Stimme des Inneren, die Be-stimmung, erwähnen und sie als ein machtvolles Objektiv-Psychisches bezeichnen, um sie so zu charakterisieren, wie sie in der werdenden Persönlichkeit wirkt und gegebenenfalls auch subjektiv erscheint. Mephistopheles ist im «*Faust*» nicht etwa darum personifiziert, weil es sich dramatisch oder bühnentechnisch besser ausnimmt, als wenn Faust sich selber moralisierte und seinen eigenen Teufel sich an die Wand malte. Die ersten Worte der Zueignung: «Ihr naht euch wieder, schwankende Gestalten» – sind mehr als ein ästhetischer Effekt. Es ist, wie der Konkretismus des Teufels, ein Zugeständnis an die Objektivität der psychischen Erfahrung, ein leises Bekenntnis, daß es *doch* so war, nicht aus subjektivem Wünschen, Befürchten oder Gutdünken, sondern irgendwie aus sich selber. Gewiß, nur ein Dummkopf könnte an Gespenster denken, aber etwas wie ein primitiver Dummkopf scheint überall unter der Oberfläche des vernünftigen Tagesbewußtseins zu lauern.

Daher der ewige Zweifel, ob das scheinbar Objektiv-Psychische wirklich objektiv oder nicht am Ende eine Einbildung sei. Aber sofort erhebt sich die Frage: Habe ich mit Absicht mir solches eingebildet, oder ist es mir eingebildet worden? Es ist ein ähnliches Problem wie das des Neurotikers, der an einem eingebildeten Karzinom leidet. Er weiß es, und man hat es ihm hundertmal gesagt, daß es eine Einbildung sei, und er fragt mich eingeschüchtert: «Ja, aber wie kommt es denn, daß ich mir so etwas einbilde? Ich will es doch nicht.» Die Antwort hierauf ist: Die Karzinomidee *hat sich ihm ein-*

*gebildet,* ohne sein Vorwissen und ohne seine Erlaubnis. Der Grund zu diesem Vorgang ist, daß ein psychisches Wachstum, eine «Wucherung» in seinem Unbewußten stattfindet, die er sich nicht bewußtmachen kann. Vor dieser inneren Tätigkeit empfindet er Angst. Da er aber ganz überzeugt ist, daß innen, in der eigenen Seele, doch nichts sein kann, was *er* nicht weiß, so muß er diese Angst eben auf ein körperliches Karzinom beziehen, von dem er weiß, daß es nicht existiert. Und sollte er trotzdem Angst davor haben, so werden ihm hundert Ärzte bestätigen, daß die Angst ganz grundlos sei. So ist die Neurose ein Schutz gegen die objektive innere Tätigkeit der Seele oder ein etwas teuer bezahlter Versuch, sich der inneren Stimme und damit der Bestimmung zu entziehen. Denn diese «Wucherung» ist jene objektive, von bewußter Willkür unabhängige Tätigkeit der Seele, die mit der inneren Stimme zum Bewußtsein sprechen möchte, um den Menschen seiner Ganzheit zuzuführen. Hinter der neurotischen Verdrehung steckt Bestimmung, Schicksal und das Werden der Persönlichkeit, die völlige Verwirklichung des dem Individuum eingeborenen Lebenswillens. Der Mensch ohne amor fati ist der Neurotiker; er versäumt sich selbst, und nie kann er mit NIETZSCHE sagen: «Nie erhebt sich ein Mann höher, als wenn er nicht weiß, wohin ihn sein Schicksal noch führen wird.»

In dem Maße, als man, dem eigenen Gesetz untreu, nicht zur Persönlichkeit wird, hat man den Sinn seines Lebens verpaßt. Glücklicherweise hat die gütige und langmütige Natur den meisten Menschen nie die fatale Frage nach dem Sinn ihres Lebens auf die Zunge gelegt. Und wo niemand fragt, braucht keiner zu antworten.

Die Karzinom-Angst des Neurotikers hat also recht, sie ist keine Einbildung, sondern der folgerichtige Ausdruck einer seelischen Tatsache, die im außerbewußten Bereich, dem Willen und der Einsicht unerreichbar, existiert. Ginge er in die Wüste mit sich selber und hörte er in der Einsamkeit nach innen, so möchte er vielleicht vernehmen, was die Stimme des Inneren sagt. Aber in der Regel ist der verbildete Kulturmensch ganz unfähig, die doktrinär nicht gewährleistete Stimme wahrzunehmen. Primitive sind dazu in viel höherem Maße befähigt, zum mindesten können die Medizinmänner, da es sogar zu ihrem professionellen Rüstzeug gehört, mit Geistern, Bäumen und Tieren reden, das heißt, in diesen Gestalten tritt ihnen das Objektiv-Psychische, das seelische Nicht-Ich entgegen.

Weil die Neurose eine Entwicklungsstörung der Persönlichkeit ist, so sind wir Seelenärzte schon durch die berufliche Notwendigkeit gezwungen, uns mit dem scheinbar fernliegenden Problem der Persönlichkeit und der inneren Stimme zu befassen. In der praktischen Psychotherapie treten diese sonst so vagen und so oft ins Phrasenhafte entarteten seelischen Tatsachen aus dem Dunkel ihrer Unbekanntheit hervor und nähern sich der Sichtbarkeit. Jedoch geschieht dies nur äußerst selten spontan wie beim alttestamentlichen Propheten; in der Regel müssen jene seelischen Tatbestände, welche die Störung veranlassen, mühsam bewußtgemacht werden. Die zutage tretenden Inhalte entsprechen aber durchaus der «Stimme des Inneren» und bedeuten schicksalhafte Bestimmung, welche, wenn vom Bewußtsein angenommen und eingeordnet, die Entwicklung der Persönlichkeit herbeiführt.

So wie die große Persönlichkeit sozial lösend, erlösend, umgestaltend und heilend wirkt, so hat auch die Geburt der eigenen Persönlichkeit heilende Wirkung auf das Individuum. Es ist, wie wenn ein in versumpfte Nebenarme sich verlierender Strom plötzlich wieder sein Strombett entdeckte, oder wie wenn ein Stein, der auf einem keimenden Samen lag, weggehoben würde, so daß der Schoß sein natürliches Wachstum beginnen kann.

Die Stimme des Innern ist die Stimme eines volleren Lebens, eines weiteren, umfänglicheren *Bewußtseins*. Daher fallen im mythologischen Sinne die Heldengeburt oder die symbolische Wiedergeburt mit dem Sonnenaufgang zusammen, weil das Werden der Persönlichkeit gleichbedeutend ist mit einer *Vermehrung der Bewußtheit*. Aus demselben Grunde sind die meisten Helden durch Sonnenattribute gekennzeichnet, und der Moment der Geburt ihrer großen Persönlichkeit wird Erleuchtung genannt.

Die Furcht, welche die meisten natürlichen Menschen vor der Stimme des Inneren empfinden, ist nicht so kindisch, wie es einen dünken möchte. Die dem beschränkten Bewußtsein gegenübertretenden Inhalte sind, wie das klassische Beispiel des Christuslebens oder das ebenso bezeichnende Mana-Erlebnis der Buddhalegende zeigt, keineswegs harmlos, sondern bedeuten in der Regel die Gefahr, welche dem betroffenen Individuum spezifisch ist. Es ist in der Regel etwas Ungutes, ja Böses, was die Stimme des Inneren an uns heranbringt. Das muß so sein vor allem darum, weil man für gewöhnlich seiner Tugenden nicht so unbewußt ist wie seiner Untugenden, und sodann, weil man am Guten weniger leidet als am Bösen. Die innere Stimme bringt, wie ich vorhin erörterte, das zum Bewußtsein, woran das Ganze, das heißt das Volk, zu dem man gehört, oder die Menschheit, deren Teil wir sind, leidet. Aber sie stellt dieses Böse in individueller Form dar, so daß man zunächst meinen könnte, daß all dieses Böse nur individuelle Charaktereigenschaft wäre. Die innere Stimme bringt das Böse in versucherisch überzeugender Weise heran, um zu bewirken, daß man ihm erliegt. Unterliegt man ihm nicht zum Teil, so geht nichts von diesem scheinbar Bösen in uns hinein, und dann kann auch keine Erneuerung und Heilung stattfinden. (Ich nenne das Böse der inneren Stimme «scheinbar», was zu optimistisch klingt.) Wenn das Ich der inneren Stimme völlig unterliegt, dann wirken ihre Inhalte, wie wenn sie ebensoviele Teufel wären, das heißt es folgt eine Katastrophe. Unterliegt das Ich aber nur zum Teil und kann es sich vor dem gänzlichen Verschlungenwerden durch Selbstbehauptung retten, dann kann es die Stimme assimilieren, und dann stellt es sich heraus, daß das Böse nur ein böser Schein war, in Wirklichkeit aber ein Bringer des Heils und der Erleuchtung. «Luziferisch» in des Wortes eigentlichstem und unzweideutigstem Sinne ist der Charakter der inneren Stimme, und deshalb stellt sie den Menschen vor letzte moralische Entscheidungen, ohne die er eben nie zur Bewußtheit gelangen und zur Persönlichkeit werden kann. In unergründlicher Weise ist oft Niederstes und Höchstes, Bestes und Verruchtestes, Wahrstes und Verlogenstes in der Stimme des Inneren gemischt, einen Abgrund von Verwirrung, Täuschung und Verzweiflung aufreißend.

Es ist natürlich lächerlich, wenn man die Stimme der allgütigen und allzerstörenden Natur der Bosheit anklagt. Wenn sie uns vorzugsweise böse erscheint, so rührt das wesentlich von der alten Weisheit her, daß das Gute immer der Feind des Besseren ist. Wir wären ja närrisch, wenn wir uns nicht am althergebrachten Guten hielten, solange wie immer möglich. Aber wie Faust sagt:

> Wenn wir zum Guten dieser Welt gelangen,
> Dann heißt das Bess're Trug und Wahn!

Ein Gutes ist leider nicht ewig gut, denn sonst gäbe es nichts Besseres. Soll das Bessere kommen, so muß das Gute weichen. Deshalb sagte ja der MEISTER ECKHART: «Gott ist nicht gut, denn sonst könnte er besser sein.»
Es gibt darum Zeiten in der Weltgeschichte (die unsere dürfte dazugehören), wo ein Gutes weichen muß, und darum erscheint jenes, welches bestimmt ist, das Bessere zu werden, zunächst als Böses. Wie gefährlich es ist, diese Probleme überhaupt nur zu berühren, zeigt der eben ausgesprochene Satz; denn wie leicht kann sich damit das Böse einschmuggeln, wenn es einfach erklärt, es sei eben das potentiell Bessere! Die Problematik der inneren Stimme ist voll heimlicher Fanggruben und Fußangeln. Gefährlichstes, schlüpfrigstes Gebiet, genau so gefährlich und abwegig wie das Leben selber, wenn es auf Geländer verzichtet. Wer aber sein Leben nicht verlieren kann, wird es auch nicht gewinnen. Die Geburt des Helden und das Heldenleben sind eben immer bedroht. Die Schlangen der Hera, die den Säugling Herakles bedrohen, der Python, der die Geburt des Lichtgottes Apollo vernichten will, der bethlehemitische Kindermord sind typische Beispiele. Das Werden der Persönlichkeit ist ein Wagnis, und es ist tragisch, daß gerade der Dämon der inneren Stimme höchste Gefahr und unerläßliche Hilfe zugleich bedeutet. Es ist tragisch, aber logisch. Es ist natürlicherweise so.
Kann man es darum der Menschheit und allen wohlmeinenden Hirten der Herde und besorgten Vätern der Kinderscharen verdenken, wenn sie schützende Mauern errichten, wirksame Bilder aufstellen und gangbare Wege empfehlen, welche sich um Abgründe herumschlängeln?
Schließlich und am Ende ist ja auch der Held, Führer und Heiland jener, welcher einen neuen Weg zu höherer Sicher-

heit entdeckt. Man könnte ja alles beim alten lassen, wenn dieser neue Weg es nicht unbedingt verlangte, entdeckt zu werden und die Menschheit nicht mit allen Plagen Ägyptens solange heimsuchte, bis der neue Weg gefunden ist. Der unentdeckte Weg in uns ist wie ein psychisch Lebendiges, das die klassische chinesische Philosophie «Tao» nennt und einem Wasserlauf vergleicht, der unerbittlich sich zu seinem Ziel bewegt. Im Tao sein, bedeutet Vollendung, Ganzheit, erfüllte Bestimmung, Anfang und Ziel und völlige Verwirklichung des den Dingen eingeborenen Daseinssinnes. Persönlichkeit ist Tao.

*Antoine de Saint-Exupéry*

# Ich bin der Stärkere, wenn ich zu mir zurückfinde

Es ist leicht, die Ordnung einer Gesellschaft auf die Unterwerfung jedes einzelnen unter feststehende Regeln zu gründen. Es ist leicht, einen Menschen zu formen, der blind und ohne Widerspruch sich einem Meister oder einer Heilslehre unterordnet. Doch das Gelingen, das darin besteht, den Menschen zu befreien, um ihn über sich selbst herrschen zu lassen, ist viel höher zu bewerten.

Doch was heißt befreien? Wenn ich in einer Wüste einen empfindungslosen Menschen befreie, was bedeutet dann seine Freiheit? Es gibt nur Freiheit eines *Jemand,* der eine bestimmte Richtung einschlägt. Einen solchen Menschen befreien, hieße, ihn den Durst lehren und ihm einen Weg zu einem Brunnen weisen. Dann allein würden sich ihm Mittel und Wege zeigen, die sinnvoll wären. Einen Stein befreien bedeutet nichts, wenn es nicht von der Schwere geschieht. Denn ist der Stein erst einmal frei, dann wird er sich nirgends einfügen.

Meine Kultur hat nun versucht, die menschlichen Beziehungen auf den Kult des *Menschen* über das Individuum hinaus zu gründen, damit das Verhalten eines jeden gegenüber sich selbst oder seinem Nächsten kein blindes Anpassen an den Brauch des Termitenbaus, sondern eine freie Betätigung der Liebe ist. Der unsichtbare Weg der Schwere befreit den Stein. Der unsichtbare Fluß der Liebe befreit den Menschen. Meine Kultur hat aus jedem Menschen den Sendboten eines und desselben Fürsten zu machen versucht. Sie hat das Individuum als einen Weg oder eine Botschaft eines Größeren als es selbst betrachtet, sie hat der Freiheit seines Aufstiegs magnetische Kraftlinien gewiesen.

Ich kenne wohl den Ursprung dieses Kraftfeldes. Jahrhundertelang hat meine Kultur durch die Menschen hindurch Gott betrachtet. Der Mensch war nach dem Ebenbild Gottes geschaffen. Man achtete Gott im Menschen. Die Menschen waren Brüder in Gott. Dieser Abglanz Gottes verlieh jedem Menschen eine unveräußerliche Würde. Die Beziehungen des Menschen zu Gott begründeten ganz klar die Pflichten eines jeden gegenüber sich selbst und dem Nächsten.

Meine Kultur ist Erbin der christlichen Werte. Ich will über den Bauplan des Domes nachdenken, um seinen Aufbau besser zu verstehen.

Die innere Schau Gottes machte die Menschen gleich, weil gleich in Gott. Und diese Gleichheit hatte eine deutliche Sinngebung. Denn man kann nur in einer bestimmten Hinsicht gleich sein. Der Soldat und der Hauptmann sind gleich in der Nation. Gleichheit ist nur noch ein sinnloses Wort, wenn nichts vorhanden ist, worin sich diese Gleichheit knüpfen läßt.

Ich verstehe vollkommen, warum diese Gleichheit, eine Gleichheit der Rechte Gottes durch die Individuen hindurch, den Aufstieg eines Individuums zu begrenzen verbot: Gott konnte sich dazu entschließen, ihn zum Weg zu nehmen. Da es sich aber auch um die Gleichheit der Rechte Gottes über die Individuen handelte, verstehe ich, warum die Individuen, wer sie auch sein mochten, denselben Pflichten und derselben Achtung vor den Gesetzen unterworfen waren. Als Ausdruck Gottes waren sie gleich in ihren Rechten. Als Diener Gottes waren sie gleich in ihren Pflichten.

Ich verstehe, warum eine in Gott bestehende Gleichheit keinen Widerspruch und keine Unordnung nach sich zog. Die Demagogie tritt auf, wenn in Ermangelung eines gemeinsamen Maßes das Prinzip der Gleichheit zum Prinzip der Selbstheit entartet. Dann verweigert der Soldat dem Hauptmann den Gruß; denn wenn der Soldat den Hauptmann grüßte, würde er ein Individuum und nicht die Nation ehren.

Meine Kultur, ein Erbe Gottes, hat die Menschen im *Menschen* gleichgemacht.

Ich verstehe den Ursprung der Achtung der Menschen voreinander. Der Gelehrte schuldete selbst dem Kohlenträger Achtung; denn durch den Kohlenträger achtete er Gott, dessen Sendbote auch der Kohlenträger ist. Was auch der hohe Wert des einen und der bescheidene des andern sein mochten, kein Mensch konnte Anspruch darauf erheben, einen andern zu versklaven. Man demütigt keinen Sendboten. Aber diese Achtung vor dem Menschen hatte nicht das erniedrigende Kriechen vor der Mittelmäßigkeit, vor der Dummheit oder Unwissenheit zur Folge, weil in erster Linie diese Eigenschaft eines Sendboten Gottes geehrt wurde. So gründete die Liebe zu Gott zwischen den Menschen edle Beziehungen, da die Angelegenheiten sich von Sendboten zu Sendboten auf einer höheren Ebene als ihrer individuellen Eigenschaft regelten.

Meine Kultur, ein Erbe Gottes, hat durch die Individuen hindurch die Achtung vor dem *Menschen* begründet.

Ich verstehe den Ursprung der Bruderschaft der Menschen. Die Menschen waren Brüder in Gott. Man kann nur innerhalb einer Einheit Bruder sein. Wenn es kein einendes Band für sie gibt, sind die Menschen nebeneinandergestellt und nicht miteinander verbunden. Man kann nicht Bruder schlechtweg sein. Meine Kameraden und ich sind Brüder in der Gruppe 2/33. Die Franzosen *in* Frankreich.

Meine Kultur, ein Erbe Gottes, hat die Menschen zu Brüdern im *Menschen* gemacht.

Ich verstehe die Bedeutung der Pflichten der Nächstenliebe, die mir gepredigt wurden. Die Nächstenliebe diente Gott durch das Individuum hindurch. Sie gebührte Gott, wie gewöhnlich das Individuum auch war. Diese Nächstenliebe erniedrigte den Empfänger nicht, band ihn auch nicht durch die Fesseln der Dankbarkeit, da das Geschenk sich ja nicht an ihn, sondern an Gott richtete. Die Betätigung dieser Nächstenliebe war dagegen niemals eine Ehre, die der Gewöhnlichkeit, der Dummheit oder der Unwissenheit erwiesen wurde. Der Arzt war es sich schuldig, sein Leben in der Pflege des gemeinsten Pestkranken einzusetzen. Er diente Gott. Er verlor nichts dadurch, daß er die Nacht wachend am Lager eines Diebes verbrachte.

Meine Kultur, ein Erbe Gottes, hat so aus der Nächstenliebe eine Gabe an den *Menschen* durch das Individuum hindurch geschaffen.

Ich verstehe die tiefe Bedeutung der Demut, die vom Individuum verlangt wurde. Sie erniedrigte es keineswegs. Sie erhöhte es. Sie klärte es über seine Rolle als Sendbote auf. Wie sie es nötigte, Gott im Nächsten zu achten, nötigte sie es, jenen in sich selbst zu achten, sich zum Boten Gottes zu machen, der auf dem Wege zu Gott ist. Sie machte ihm zur Pflicht, sich zu vergessen, um sich zu steigern; denn wenn das Individuum sich mit seiner eigenen Bedeutung brüstet, wandelt sich die Straße sogleich in eine Sackgasse.

Meine Kultur, ein Erbe Gottes, hat auch die Selbstachtung gepredigt, das heißt die Achtung vor dem *Menschen* durch sich selbst hindurch.

Ich verstehe schließlich, warum die Liebe zu Gott die Menschen füreinander verantwortlich gemacht und ihnen die Hoffnung als eine Tugend auferlegt hat. Da sie aus jedem von ihnen einen Sendboten desselben Gottes machte, ruhte in den Händen eines jeden das Heil aller. Als Sendbote eines Größeren als er selbst, brauchte keiner zu verzweifeln. Verzweiflung bedeutete Verleugnung Gottes in einem selbst. Die Pflicht zur Hoffnung hätte sich folgendermaßen ausdrücken lassen: ›Du hältst dich also für so wichtig? Was bildest du dir mit deiner Verzweiflung ein?‹

Meine Kultur, ein Erbe Gottes, hat jeden für alle Menschen und alle Menschen für jeden einzelnen verantwortlich gemacht. Ein Individuum soll sich für die Rettung einer Gemeinschaft opfern, doch dreht es sich hierbei nicht um ein albernes Rechenkunststück. Es geht um die Achtung vor dem *Menschen* durch das Individuum hindurch. Tatsächlich besteht die Größe meiner Zivilisation darin, daß hundert Bergleute sich in ihr dazu verpflichtet fühlen, ihr Leben für die Rettung eines einzigen verschütteten Bergmanns zu wagen. Sie retten den *Menschen*.

In diesem Licht verstehe ich vollkommen die Bedeutung der

Freiheit. Sie bedeutet freies Wachstum eines Baumes im Kraftfeld seines Samens. Sie bedeutet Lebensbedingung für den Aufstieg des *Menschen*. Sie gleicht einem günstigen Wind. Dank dem Wind allein sind die Segler frei auf den Wogen.
Ein so gebauter Mensch würde über Baumeskräfte verfügen. Welchen Raum würde er nicht mit seinen Wurzeln bedecken! Welchen menschlichen Rohstoff würde er nicht aussaugen, um ihn im Sonnenlicht zu entfalten!

Doch ich habe alles verdorben. Ich habe das Erbe verschleudert. Ich habe den Begriff des *Menschen* verkommen lassen. Um diesen Kult eines *Fürsten,* den wir durch die Individuen hindurch erschauen, und den hohen Wert menschlicher Beziehungen, die dieser Kult begründete, zu retten, hatte meine *Kultur* jedoch beträchtliche Energie und Begabung verausgabt. Alle Bemühungen des Humanismus waren nur auf dieses Ziel gerichtet. Der Humanismus hat sich ausschließlich zur Aufgabe gestellt, den Vorrang des *Menschen* vor dem Individuum klarzumachen und zu verewigen. Der Humanismus hat den *Menschen* gepredigt.
Wenn es aber darum geht, über den *Menschen* zu sprechen, versagt die Sprache. Der *Mensch* unterscheidet sich von den Menschen. Man sagt nichts Wesentliches über den Dom aus, wenn man nur von den Steinen spricht. Man sagt nichts Wesentliches über den *Menschen* aus, wenn man ihn durch menschliche Eigenschaften zu bestimmen sucht. Der Humanismus hat sich auf diese Weise in einer Richtung betätigt, die von vornherein versperrt war. Er hat den Begriff des *Menschen* durch eine logische und moralische Beweisführung zu fassen und ihn so in das Bewußtsein zu übertragen versucht.

Keine Erklärung mit Worten kann je die Schau ersetzen. Die Einheit des *Wesens* ist nicht durch Worte übertragbar. Wenn ich Menschen, die von Kultur nichts wissen, die Liebe zum Heimatland oder zu einem Bauernhof lehren wollte, verfügte ich über kein Beweismittel, sie zu packen. Felder, Weiden und Vieh setzen einen Bauernhof zusammen. Jedes einzelne und alle zusammen haben die Aufgabe, den Wohlstand zu mehren. In dem Bauernhof liegt jedoch etwas, das einer stofflichen Untersuchung entgeht; gibt es doch Besitzer, die aus Liebe zu ihrem Gut sich für seine Rettung zugrunde richten würden. Ganz im Gegenteil ist es dieses *Etwas,* das die Bestandteile in ganz besonderer Weise adelt. Sie werden zu Vieh eines Gutes, zu Wiesen eines Gutes, zu Feldern eines Gutes …

So wird man auch zum Menschen eines Vaterlandes, eines Berufes, einer Kultur, einer Religion. Um sich aber solchen *Wesen* zuzurechnen, ist es zunächst erforderlich, daß man sie in sich selbst aufbaut … Und da, wo kein Gefühl für das Vaterland besteht, wird keine Sprache es vermitteln. Man baut in sich selbst nur durch Handlungen das *Wesen* auf, dem man sich zurechnet. Ein *Wesen* wird nicht durch die Sprache, sondern durch Handlungen beherrscht. Unser Humanismus hat die Handlungen vernachlässigt. Er hat bei seinem Versuch Schiffbruch gelitten.

Die wesentliche Handlung hat hier einen Namen erhalten. Sie heißt Opfer.

Opfer bedeutet nicht Verstümmelung, auch nicht Buße. Es ist seinem Wesen nach eine Handlung. Es ist ein Geschenk seiner selbst an das *Wesen,* dem man sich zurechnen will. Nur der allein wird verstehen können, was ein Bauerngut ist, der ihm einen Teil seines Selbst geopfert hat, der für seine Rettung gekämpft und sich abgemüht hat, es zu verschönen.

Dann kommt ihm die Liebe zum Anwesen. Ein Gut ist nicht die Summe der Einkünfte, darin liegt der Fehler. Es ist die Summe der gebrachten Opfer.

Solange meine Kultur sich auf Gott gestützt hat, hat sie diesen Begriff des Opfers gewahrt, der Gott in das Herz des Menschen verlegte. Der Humanismus hat die wesentliche Rolle des Opfers vernachlässigt. Er hat den *Menschen* durch Worte und nicht durch Taten vermitteln wollen.

Um die Vision vom *Menschen* durch die Menschen hindurch zu retten, hatte er nur noch ein leeres Wort zu seiner Verfügung. Wir liefen Gefahr, auf einer gefährlichen Ebene abzugleiten und eines Tages den *Menschen* mit dem Symbol des Durchschnittsmenschen oder der Gesamtheit der Menschen zu verwechseln. Wir liefen Gefahr, unsern Dom mit der Summe der Steine zu verwechseln.

Und nach und nach haben wir das Erbe verdorben.

Statt die Rechte des *Menschen* durch die Individuen hindurch zu bestätigen, haben wir begonnen, von den Rechten der Kollektivität zu sprechen. Wir haben zugesehen, wie unmerklich eine Moral des Kollektivs sich einschlich, die den *Menschen* vernachlässigt. Diese Moral erklärt deutlich, warum das Individuum es sich schuldig ist, sich für die Gemeinschaft zu opfern. Ohne Wortkünsteleien kann sie nicht mehr erklären, warum eine Gemeinschaft es sich schuldig ist, sich für einen einzelnen Menschen zu opfern. Warum es recht und billig ist, daß tausend sterben, um einen einzigen aus dem Gefängnis der Ungerechtigkeit zu befreien. Wir erinnern uns noch daran, aber wir vergessen es nach und nach. Und doch beruht auf diesem Prinzip, das uns so deutlich vom Termitenhaufen unterscheidet, vor allem unsere Größe. Mangels einer wirksamen Methode sind wir von der Humanität, die auf dem *Menschen* beruhte, auf jenen Termitenhaufen abgeglitten, der auf der Summe der Individuen beruht.

Was hatten wir den Religionen vom Staat oder von der Masse entgegenzusetzen? Was war aus unserem großen Bild vom gottgeborenen *Menschen* geworden? Es war durch einen Wortschatz, der seinen Inhalt entleert hatte, kaum noch kenntlich.

Nach und nach haben wir den *Menschen* vergessen und unsere Moral auf die Probleme des Individuums beschränkt. Wir haben von jedem verlangt, daß er das andere Individuum nicht verletzt. Von jedem Stein, daß er den nächsten Stein nicht verletzt. Gewiß verletzen sie einander nicht, wenn sie wirr auf dem Feld herumliegen. Sie verletzen aber den Dom, den sie aufbauen könnten und der wiederum ihre eigene Sinngebung bedeuten würde.

Wir haben ständig die Gleichheit der Menschen gepredigt. Da wir aber den *Menschen* vergaßen, haben wir nichts mehr von dem verstanden, wovon wir sprachen. Da wir nicht mehr wußten, worauf wir die Gleichheit gründen sollten, haben wir von ihr einen undeutlichen Begriff gegeben, mit dem wir nichts mehr anzufangen gewußt haben. Wie soll man die Gleichheit auf der Ebene der Individuen, zwischen dem Weisen und dem Rohling, dem Dummkopf und dem Genie, definieren? Wenn wir sie festlegen und verwirklichen wollen, verlangt die Gleichheit auf der Ebene der Stoffe, daß diese alle denselben Platz einnehmen und dieselbe Rolle spielen. Das ist absurd. Das Prinzip der Gleichheit entartet dann zu einem Prinzip der Selbstheit.

Wir haben ständig die menschliche Freiheit gepredigt. Da wir aber den *Menschen* vergessen haben, haben wir unsere

Freiheit als eine unklare Fessellosigkeit definiert, einzig begrenzt durch den Schaden, der dem Nächsten angetan wird. Das entbehrt jeder Sinngebung; denn es gibt keine Handlung, die den Nächsten nicht mit betrifft. Wenn ich mich als Soldat verstümmele, werde ich erschossen. Es gibt kein Individuum für sich. Wer sich von ihr ausschließt, verletzt die Gemeinschaft. Wer mutlos ist, nimmt den andern den Mut. Unseres Anspruchs auf eine so verstandene Freiheit haben wir uns nicht mehr ohne unüberwindliche Widersprüche zu bedienen gewußt. Da wir nicht mehr zu bestimmen wußten, wann unser Anspruch galt und wann nicht mehr, haben wir uns verstellt und die Augen zugedrückt, um ein unklares Prinzip über zahllose Fesseln hinweg zu retten, die notwendigerweise jede Gesellschaft unseren Freiheiten auferlegte.

Was die Nächstenliebe angeht, so haben wir sie nicht einmal mehr zu predigen gewagt. Früher nahm wirklich das Opfer, das die *Wesen* begründet, den Namen der Nächstenliebe an, wenn es Gott durch sein menschliches Ebenbild hindurch ehrte. Durch das Individuum hindurch beschenkten wir Gott oder den *Menschen*. Da wir aber Gott und den *Menschen* vergaßen, beschenkten wir nur noch das Individuum. Daher nahm die Nächstenliebe oft die Gestalt eines unannehmbaren Verhaltens an. Die Gesellschaft und nicht die Laune des einzelnen ist es sich schuldig, die rechte Verteilung der Vorräte sicherzustellen. Die Würde des Individuums verlangt, daß es durch die Freigebigkeiten eines andern nicht geknechtet wird. Es wäre sinnwidrig, wenn man erlebte, daß die Besitzenden, abgesehen vom Besitz ihrer Habe, den Dank der Nichtbesitzenden beanspruchten.

Aber über all das hinaus wandte sich unsere mißverstandene Nächstenliebe gegen ihr Ziel. Ausschließlich auf den Empfindungen des Mitleids gegenüber dem Individuum beruhend, hätte sie uns jede erzieherische Strafe untersagt. Während die wirkliche Nächstenliebe als Betätigung eines Kultes, der dem *Menschen* über das Individuum hinaus erwiesen wird, eine Bekämpfung des Individuums verlangte, um den *Menschen* in ihm zu fördern.

So haben wir den *Menschen* verloren. Und indem wir den *Menschen* verloren, haben wir die ganze innere Wärme jener Brüderlichkeit selbst vertan, die unsere Kultur uns predigte – denn Bruder ist einer ja nur in irgend etwas und nicht Bruder schlechthin. Teilung sichert nicht Bruderschaft. Diese knüpft sich allein im Opfer. Sie knüpft sich in der gemeinsamen Hingabe an etwas Umfassenderes als wir selbst. Indem wir jedoch diese Wurzel jeder wahrhaften Existenz mit einer unfruchtbaren Verkümmerung verwechselten, haben wir unsere Brüderlichkeit derart verkleinert, daß sie nur noch eine gegenseitige Rücksichtnahme geworden ist.

Wir haben mit dem Schenken aufgehört. Wenn ich nun aber nur noch mir selbst zu geben gewillt bin, empfange ich nichts; denn ich baue nichts auf, an dem ich teilhaben will, und daher bin ich nichts. Wenn man dann zu mir kommt und von mir verlangt, ich solle für bestimmte Interessen und Zwecke sterben, dann weigere ich mich zu sterben. Mein Interesse verlangt zunächst, daß ich lebe. Welche überquellende Liebe würde meinen Tod vergelten? Man stirbt für ein Heim. Nicht für Möbel und Mauern. Man stirbt für einen Dom. Nicht für Steine. Man stirbt für ein Volk. Nicht für eine Menge. Man stirbt aus Liebe zum *Menschen,* wenn er der Schlußstein im Gewölbe einer *Gemeinschaft* ist. Man stirbt für das allein, aus dem man leben kann.

Unser Wortschatz schien beinahe unberührt, doch wenn wir unsere Worte benutzen wollten, verleiteten sie uns, ihres wirklichen Inhalts bar, zu unentwirrbaren Widersprüchen. Es blieb uns nur übrig, die Augen über diesen strittigen Punkt zu schließen. Da wir uns auf das Bauen nicht verstanden, blieb uns nur übrig, die Steine wirr auf dem Feld liegen zu lassen und ganz behutsam von der Kollektivität zu sprechen, ohne daß wir genauer anzugeben wagten, wovon wir sprachen; denn in Wirklichkeit sprachen wir von nichts. Kollektivität ist ein Wort ohne jede Sinngebung, solange sich die Kollektivität nicht mit irgend etwas verbindet. Eine Summe ist kein *Wesen*.

Wenn unsere Gesellschaft noch wünschenswert erscheinen konnte, wenn der *Mensch* noch irgendeine Geltung bewahrte, dann geschah es in dem Maße, als die wahrhafte Kultur, die wir durch unsere Unkenntnis verrieten, noch weiter über uns ihre Strahlen aussandte, die wir ablehnten, und uns wider unseren eigenen Willen rettete.

Wie hätten unsere Gegner verstehen sollen, was wir nicht mehr begriffen? Sie haben von uns nur diese wirren Steine gesehen. Sie haben versucht, einer Kollektivität Sinn zu verleihen, die wir nicht mehr zu bestimmen wußten, da uns die Erinnerung an den *Menschen* fehlte.

Die einen sind gleich von vornherein frisch-fröhlich bis zu den äußersten Folgerungen der Logik vorgegangen. Aus dieser Ansammlung haben sie eine absolute Ansammlung gemacht. Steine sollen eben Steine bleiben. Und jeder Stein herrscht allein über sich selbst. Die Anarchie denkt noch an den Kult des *Menschen*, wendet ihn jedoch streng auf das Individuum an. Und die Widersprüche, die aus dieser Strenge folgen, sind schlimmer als unsere.

Andere haben diese wirr auf dem Feld verstreuten Steine gesammelt. Sie haben die Rechte der Masse gepredigt. Die

Formel befriedigt kaum. Denn wenn es sicherlich unerträglich ist, daß ein einzelner Mensch eine Masse tyrannisiert – dann ist es genau so unerträglich, daß die Masse einen einzelnen Menschen erdrückt.

Andere haben diese ohnmächtigen Steine an sich genommen und haben aus dieser Summe einen Staat gemacht. Ein solcher Staat greift ebensowenig über die Menschen hinaus. Er ist ebenfalls der Ausdruck einer Summe. Er ist das Vermögen der Kollektivität, den Händen eines einzelnen anvertraut. Er ist der Bereich eines Steines, der sich mit den andern Steinen über die Gesamtheit der Steine zu identifizieren vorgibt. Dieser Staat predigt ausdrücklich eine Moral des Kollektivs, die wir noch ablehnen, auf die wir uns selbst aber ganz langsam zubewegen, da wir uns nicht mehr an den *Menschen* erinnern, der allein unsere Weigerung rechtfertigen würde.

Diese Anhänger der neuen Religion werden es ablehnen, daß mehrere Bergleute ihr Leben für die Rettung eines einzigen verschütteten Bergmanns aufs Spiel setzen. Denn der Haufen von Steinen wird dadurch gestört. Sie werden dem Schwerverwundeten den Todesstoß versetzen, wenn er den Vormarsch einer Armee aufhält. Das Wohl der Gemeinschaft werden sie nach der Rechenkunst studieren – und die Rechenkunst wird sie beherrschen. Das Vermögen, über sich selbst hinauszuwachsen, werden sie dabei verlieren. Sie werden daher hassen, was anders ist als sie; denn sie haben über sich hinaus nichts zur Verfügung, worin sie sich finden könnten. Jede fremde Gewohnheit, jede fremde Rasse, jeder fremde Gedanke wird ihnen notwendigerweise zur Beleidigung. Sie verfügen über kein Assimilationsvermögen; denn um bei sich selbst den *Menschen* zu bekehren, dürfte man ihn nicht verstümmeln, sondern müßte sich selbst ge-

genüber zum Ausdruck bringen, seinem Streben ein Ziel und seinen Energien ein Betätigungsfeld bieten. Bekehren heißt immer befreien. Der Dom kann die Steine in sich aufnehmen, die dabei einen Sinn erlangen. Aber der Steinhaufen nimmt nichts in sich auf, und da er nichts aufzunehmen vermag, erdrückt er. So steht es damit – doch wer trägt die Schuld?
Ich wundere mich nicht mehr darüber, daß der schwer lastende Steinhaufen stärker war als die wirren Steine. Und doch bin ich der Stärkere.

Ich bin der Stärkere, wenn ich zu mir zurückfinde. Wenn unser Humanismus den *Menschen* wiederherstellt. Wenn wir unsere Gemeinschaft aufzubauen verstehen und wenn wir als Grundlage dazu das einzig wirksame Mittel benutzen: das Opfer. So wie unsere Kultur sie aufgebaut hatte, war unsere Gemeinschaft keineswegs eine Zusammenfassung unserer Einkünfte – sie war unsere gesammelte Hingabe.
Ich bin der Stärkere, weil der Baum stärker ist als die Stoffe des Bodens. Er zieht sie an sich. Er verwandelt sie in Baum. Der Dom ist strahlender als der Steinhaufen. Ich bin der Stärkere, weil meine Kultur allein die verschiedenen Eigenarten, ohne sie zu verkümmern, in ihrer Einheit zusammenzuschließen vermag. Sie steigert die Quelle ihrer Kraft im gleichen Maße, wie sie von ihr trinkt.

Beim Abflug hatte ich erst zu empfangen und dann zu geben verlangt. Mein Verlangen war eitel. Damit war es wie mit der freudlosen Grammatikstunde. Du mußt geben, bevor du nimmst – und bauen, bevor du wohnst.
Ich habe die Liebe zu den Meinen durch diese Hingabe des Blutes begründet, wie die Mutter ihre Liebe mit dem Ge-

schenk der Muttermilch nährt. Darin liegt das Geheimnis. Du mußt mit dem Opfer beginnen, um die Liebe zu gründen. Dann mag die Liebe andere Opfer erbitten und sie für alle Siege einsetzen. Der Mensch muß immer den ersten Schritt tun. Er muß *ent*stehen, bevor er *be*steht.

Ich bin von meinem Auftrag heimgekehrt und habe dabei den Grund zu meiner Verwandtschaft mit der Bauerntochter gelegt. Ihr Lächeln wurde mir wie durchscheinend, ich sah durch es hindurch und erkannte mein Dorf. Durch mein Dorf mein Land. Durch mein Land die andern Länder. Denn ich gehöre einer Kultur an, die den *Menschen* zum Schlußstein gewählt hat. Ich gehöre der Gruppe 2/33 an, die für Norwegen kämpften wollte.

Morgen mag mich Alias für einen andern Auftrag bestimmen. Heute habe ich mich zum Dienst für einen Gott umgekleidet, für den ich bisher blind war. Das Schießen von Arras hat den Star gestochen, und ich bin sehend geworden. Alle die Meinen sind auch sehend geworden. Wenn ich also morgen früh starte, weiß ich, warum ich noch kämpfe. Ich will aber in Erinnerung behalten, was ich gesehen habe. Ich brauche ein einfaches Credo, um mich zu erinnern.

Ich kämpfe von nun an für den Vorrang des *Menschen* vor dem Individuum – wie des Allgemeinen vor dem Besonderen.

Ich glaube, daß der Kult des *Universellen* die Fülle des einzelnen steigert und zusammenschließt – und die einzig wahrhafte, lebendige Ordnung aufbaut. Ein Baum ist eine Ordnung, wenn seine Wurzeln auch anders sind als seine Zweige.

Ich glaube, daß der Kult des Besonderen nur den Tod nach sich zieht – denn er baut die Ordnung auf der Ähnlichkeit auf. Er verwechselt die Einheit des *Wesens* mit der Identität seiner Teile. Er zerstört dabei den Dom, um die Steine auszurichten. Ich werde also jeden bekämpfen, der anderen Gewohnheiten eine besondere Gewohnheit, anderen Völkern ein besonderes Volk, anderen Rassen eine besondere Rasse, anderen Gedanken einen besonderen Gedanken aufzuzwingen gewillt ist.

Ich glaube, daß der Vorrang des *Menschen* allein die Gleichheit und allein die Freiheit begründet, die einen Sinn haben. Ich glaube an die Gleichheit der Menschenrechte durch jedes Einzelwesen hindurch. Und ich glaube, daß die Freiheit im Aufstieg des *Menschen* besteht. Gleichheit ist nicht Selbstheit. Freiheit ist nicht Überheblichkeit des Individuums gegen den *Menschen*. Ich werde jeden bekämpfen, der gewillt ist, die Freiheit des *Menschen* einem Individuum – wie einer Masse von Individuen – zu unterwerfen.

Ich glaube, daß meine Kultur mit Nächstenliebe das Opfer bezeichnet, das dem *Menschen* dargebracht wird, um sein Reich aufzurichten. Die Nächstenliebe ist ein Geschenk an den *Menschen* durch die Mittelmäßigkeit des Individuums hindurch. Sie ist die Grundlage des *Menschen*. Ich werde jeden bekämpfen, der mit der Behauptung, meine Nächstenliebe ehre die Mittelmäßigkeit, den *Menschen* leugnet und so das Individuum in einer endgültigen Mittelmäßigkeit gefangenhält.

Ich werde für den *Menschen* kämpfen. Gegen seine Feinde. Aber auch gegen mich selbst.

*Khalil Gibran*

# Er öffnete ihnen Augen und Herzen

1

Scheich Abbas hatte für die Bewohner jenes abgelegenen Dorfes im Nordlibanon die gleiche Bedeutung wie ein Emir für seine Untertanen. Sein Haus, das inmitten der Hütten armer Dorfbewohner stand, glich einem Riesen unter Zwergen. Sein Leben unterschied sich von dem der anderen Bewohner, wie sich der Überfluß von der Bedürftigkeit abhebt, und sein Charakter und ihr Charakter verhielten sich zueinander, wie sich Stärke zur Schwäche verhält.

Wenn Scheich Abbas mit seinen Bauern sprach, neigten sie ihre Köpfe zum Zeichen des Einverständnisses, als ob die Kraft des Geistes ihn zu ihrem Sachwalter bestimmt hätte und als ob sie seine Zunge als ihren Sprecher ausgewählt hätte. Wenn er wütend wurde, zitterten die Bauern ängstlich und flohen vor seinem Gesicht wie Herbstblätter, die der Wind treibt. Wenn er einen von ihnen ohrfeigte, blieb der Betroffene regungslos stehen, als ob dieser Schlag vom Himmel käme und als ob es Gotteslästerung wäre, sich zu erkühnen, nach der Ursache zu forschen. Und wenn er jemandem zulächelte, sagten alle: Es gibt keinen Glücklicheren als diesen Jüngling, denn Scheich Abbas ist mit ihm zufrieden.

Diese fraglose Unterwerfung der Bauern unter Scheich Abbas' Willen und ihre Angst vor seinem Zorn hatte seine Ursache nicht nur in ihrer Schwäche und seiner Stärke, es war vielmehr das Resultat ihrer Armut und der daraus entstehenden Abhängigkeit von ihm. Die Ländereien, die sie bebauten, und die Hütten, die sie bewohnten, waren sein Besitz, den er von seinen Vorfahren geerbt hatte, so wie sie Armut und Elend von ihren Vätern und Großvätern geerbt hatten.

Unter seiner Aufsicht pflügten sie die Felder, säten und pflanzten sie und brachten sie die Ernte ein; und als Gegenleistung für ihre Mühen und Anstrengungen erhielten sie lediglich einen winzigen Teil der Ernte, der kaum dazu reichte, sie aus den Krallen des Hungers zu befreien. Die meisten von ihnen brauchten vor Ablauf des langen Winters dringend Brot; und sie kamen einer nach dem anderen zu Scheich Abbas, erflehten sein Mitleid und baten ihn inständig, ihnen einen Dinar oder einen Sack Weizen vorzustrecken.

Der Scheich erfüllte ihre Bitten gern, denn er wußte, daß er von ihnen für einen Dinar zwei und für den Weizen die doppelte Menge zurückerhielt, sobald die Zeit der Ernte kam.

Auf diese Weise lebten die Unglücklichen unter der Last ihrer Schulden, die sie an Scheich Abbas ketteten, und sie in immer größere Abhängigkeit von ihm brachten – so daß sie seinen Zorn fürchteten und sein Wohlwollen erwünschten.

2

Der Winter war gekommen mit Schnee und Stürmen. Felder und Täler wurden leer bis auf die krächzenden Krähen und die entblößten Bäume.

In dieser stürmischen Nacht, in der die Natur rebellierte, war ein Jüngling von etwa zweiundzwanzig Jahren unterwegs auf dem allmählich ansteigenden Weg vom Kloster

Qushaya* zum Dorf des Scheichs Abbas. Die frostige Kälte hatte seine Glieder erstarrt, und Angst und Hunger zehrten an seinen Kräften. Der Schnee bedeckte seine schwarze Kutte, als ob er ihn ins Leichentuch hüllen wollte, bevor der Jüngling starb.

Der junge Mann mußte gegen den Wind laufen, der ihn immer wieder zurückwarf, als ob er es verhindern wollte, daß er die Stätten der Lebenden erreichte. Der Schnee haftete an seinen Sohlen und zog ihn hinab. Mit letzter Kraft raffte er sich wieder auf und schrie laut um Hilfe; dann ließ ihn die schneidende Kälte verstummen.

Unter Aufbietung aller Kräfte versuchte er weiterzugehen, während der Tod ihm auf den Fersen folgte, bis seine Kräfte vollends nachließen, das Blut in seinen Adern erstarrte und sein Lebenswille ermattete und er zu Boden fiel. Er schrie mit lauter Stimme; es war der Angstschrei eines Menschen, der dem Tod ins Angesicht sieht, die Stimme eines Verzweifelten, den die Finsternis umgibt und den der Sturm gepackt hat, um ihn in den Abgrund zu schleudern – die Stimme der Liebe zum Leben vor dem Abgrund des Nichts.


3


Im Norden jenes Dorfes stand am Abhang des Berges, etwas abgelegen von den anderen Häusern, eine kleine Hütte, die von zwei Frauen bewohnt wurde: der Witwe Rachel und

---

* Das Kloster Qushaya ist eines der bekanntesten und reichsten Klöster im Libanon; seine Erträge werden auf mehrere Tausend Dinare geschätzt; es wird von einigen Dutzend einheimischen Mönchen bewohnt. Qushaya ist ein syrischer Ausdruck, der «Paradies des Lebens» bedeutet.

ihrer Tochter Miriam, die das achtzehnte Lebensjahr noch nicht erreicht hatte.

Wie alle armen Witwen lebte Rachel von ihrer Arbeit, die sie mit Fleiß und Ausdauer verrichtete. Und wie alle Witwen fürchtete sie den Tod und das Scheiden aus dieser Welt. In der Erntezeit arbeitete sie auf den Feldern und las die Ähren auf, die dort zurückgeblieben waren; im Herbst sammelte sie die Früchte ein, die man an den Bäumen hängengelassen hatte; im Winter strickte sie oder nähte Kleider, wofür sie einige Drachmen erhielt oder einige Scheffel Hirse und Mais. All ihre Arbeiten zeichneten sich durch große Sorgfalt aus. Ihre Tochter Miriam war ein hübsches und ruhiges, junges Mädchen, die ihrer Mutter bei diesen Arbeiten half und ihr auch im Haus zur Hand ging.

In jener schrecklichen Nacht saßen Rachel und ihre Tochter in der Nähe des Feuers und wärmten sich; doch die von der Feuerstelle ausgehende Wärme wurde durch die schneidende Kälte von draußen rasch abgekühlt.

Es war Mitternacht. Die beiden Frauen saßen am Feuer und hörten das Heulen des Windes. Plötzlich bewegte sich Miriam, als ob sie aus tiefem Schlaf erwachte, und fragte ihre Mutter ängstlich: Hast du gehört, Mutter? Hast du gehört, wie jemand um Hilfe ruft?

Die Mutter hob den Kopf von ihrer Arbeit, lauschte einen Moment und sagte: Nein, ich höre nichts als das Klagen des Windes, meine Tochter.

Das junge Mädchen erwiderte: Ich hörte eine Stimme, die tiefer war als das Klagen des Windes und verzweifelter als das Toben des Sturmes!

Sie stand auf, öffnete die Luke und lauschte eine Weile nach draußen. Auf einmal sagte sie: Ich habe den Hilferuf wieder gehört, Mutter!

Rachel kam zu ihr ans Fenster. Ich habe ihn dieses Mal auch gehört, sagte sie und fuhr fort: Komm, öffnen wir die Tür und schauen wir nach! Schließ das Fenster, damit der Wind die Öllampe nicht auslöscht!

Sie nahm ihren langen Umhang, hüllte sich darin ein und verließ mit festen Schritten die Hütte, während Miriam an der geöffneten Tür stehenblieb und der Wind mit ihren geflochtenen Haaren spielte. Rachel kam einige Schritte vorwärts, indem sie sich mühsam durch den hohen Schnee arbeitete. Dann blieb sie stehen und rief: Wo seid Ihr, der um Hilfe gerufen hat!

Doch niemand antwortete ihr, und auch als sie zum zweiten und dritten Mal rief, erhielt sie keine Antwort und vernahm nichts als das Heulen des Sturmes. Sie ging unbeirrt weiter und sah sich nach allen Seiten um, ihr Gesicht gegen die Wellen des rauhen Windes schützend.

Sie war kaum die Weite eines Pfeilwurfs gegangen, als sie in den tiefen Schnee eingesunkene Fußspuren entdeckte, die der Wind schon einzuebnen begann. Eilig folgte sie den Spuren in der Sorge um denjenigen, der um Hilfe gerufen hatte. Plötzlich sah sie einen menschlichen Körper vor sich im Schnee liegen – wie einen schwarzen Flicken auf einem makellos weißen Kleid. Sie beugte sich über ihn, klopfte ihm den Schnee ab, lehnte seinen Kopf an ihre Knie und legte ihre Hand auf seine Brust. Als sie das schwache Klopfen des Herzens fühlte, wandte sie sich zur Hütte und rief mit lauter Stimme: Komm, Miriam, komm mir zu Hilfe, ich habe ihn gefunden!

Obwohl ihnen der Wind ins Gesicht peitschte und sie sich im Schnee nur mühsam vorwärtsbewegen konnten, erreichten sie schließlich doch ihre Hütte. Sie legten den Jüngling in die Nähe der Feuerstelle und Rachel begann, seine erfro-

renen Glieder zu massieren, während Miriam mit dem Saum ihres Kleides seine nassen Haare trocknete. Nach einer Weile kehrte Leben in seinen Körper zurück: Er bewegte sich, seine Augenlider zitterten, und er seufzte tief, was die Herzen der beiden Frauen auf seine Rettung hoffen ließ.
Nachdem Miriam seine Schuhriemen gelockert und ihm seinen feuchten Umhang abgenommen hatte, bemerkte sie erstaunt: Schau, Mutter, er trägt eine Mönchskutte!
Rachel, die gerade dabei war, einige Stücke trockenes Holz in den Ofen zu legen, wandte sich um und sagte: Normalerweise verlassen Mönche ihr Kloster nicht in einer so stürmischen Nacht! Was hat diesen Unglücklichen wohl dazu veranlaßt, sein Leben aufs Spiel zu setzen?
Das junge Mädchen fügte hinzu: Aber er trägt keinen Bart, Mutter. Gewöhnlich haben die Mönche lange Bärte. Rachel betrachtete ihn mit mütterlicher Fürsorge und sagte: Trockne ihm gut die Füße ab, Miriam! Es spielt keine Rolle, ob er ein Mönch oder ein Verbrecher ist!
Rachel ging an den Wandschrank und holte einen kleinen Tonkrug hervor, der mit Wein gefüllt war. Sie goß davon etwas in einen Becher aus Ton und forderte ihre Tochter auf: Stütze seinen Kopf, Miriam! Wir wollen ihm einen Schluck Wein zu trinken geben, damit die Wärme in seinen Körper zurückkehrt. Rachel hielt den Rand des Bechers an die Lippen des Jünglings und ließ ihn einen Schluck trinken. Da öffnete er seine Augen und schaute zum ersten Mal seine Retter an mit einem sanften, traurigen Blick, mit dem Blick eines Menschen, der die Berührung des Lebens fühlt, nachdem er sich schon in den Krallen des Todes befunden hatte, mit einem Blick der Hoffnung auf dem Hintergrund der Verzweiflung. Dann beugte er sich vor und sagte mit zitternden Lippen: Gott möge Euch segnen!

Rachel legte ihre Hand auf seine Schulter und mahnte: Das Sprechen strengt dich zu sehr an, Bruder. Bleib nur ruhig, damit du wieder zu Kräften kommst!
Und Miriam sagte: Lege deinen Kopf auf dieses Kissen, Bruder, und rücke ein wenig näher ans Feuer!
Nach einer Weile füllte Rachel den Becher zum zweiten Mal mit Wein und gab ihm zu trinken. Zu ihrer Tochter sagte sie: Hänge seinen Umhang zum Trocknen in die Nähe des Feuers!
Miriam tat so, dann setzte sie sich neben ihn und schaute ihn besorgt und voll Mitgefühl an, als ob sie durch ihre Blicke Kraft und Wärme in seinen abgezehrten Körper zurückbringen wollte.
Rachel brachte zwei Brote und eine Holzschüssel, die mit Dibs gefüllt war, sowie einen Teller mit getrockneten Früchten. Sie hockte sich hin und fütterte ihn mit kleinen Bissen wie eine Mutter ihr Kind. Und als er gesättigt war und etwas Kraft in sich spürte, setzte er sich auf. Die roten Strahlen des Feuers spiegelten sich auf seinem bleichen Gesicht, und seine traurigen Augen leuchteten, als er leise und mit dem Kopf nickend sagte: Das Mitgefühl und die Grausamkeit ringen im Herzen des Menschen wie die Elemente, die in dieser finsteren Nacht im Kampf liegen. Aber das Mitgefühl wird den Sieg davontragen, denn es kommt von Gott, und die Angst vor dieser Nacht wird vergehen bei der Ankunft des neuen Tages. Der Jüngling schwieg eine Weile, bevor er mit kaum hörbarer Stimme hinzufügte: Eine menschliche Hand hat mich in die Verbannung getrieben! Und eine menschliche Hand hat mich daraus errettet. Wie hart ist die menschliche Grausamkeit! Und wie groß ist die menschliche Güte!
Rachel fragte mit einer Stimme, in der sich ein leichter Vor-

wurf und mütterliche Sorge mischten: Wie konntest du es wagen, Bruder, das Kloster in dieser Nacht zu verlassen, vor der die Füchse Angst haben und sich in ihre Höhlen zurückziehen und die die Adler fürchten und vor der sie sich in Felsnischen flüchten?

Der Jüngling schloß seine Augen, als ob er die Tränen mit seinen Augenlidern in die Tiefen seines Herzens zurückverweisen wollte, und sprach: Die Füchse haben ihre Höhlen und die Vögel des Himmels ihre Nester, der Menschensohn aber hat nichts, worauf er sein Haupt legen kann!

Rachel entgegnete: So sprach Jesus der Nazarener...

Der Jüngling sagte: Und so spricht jeder, der dem Geist und der Wahrheit folgen will in diesem Zeitalter der Lüge und Heuchelei!

Rachel schwieg und dachte über die Bedeutung seiner Worte nach, dann erwiderte sie: Aber im Kloster gibt es doch viele Räume, die Schränke sind mit Gold und Silber gefüllt, in den Speichern häufen sich die Ernteerträge, und in den Kellern lagert Wein im Überfluß. Die Ställe sind überfüllt mit fetten Kälbern und Schafen. Was hat dich nur dazu bewogen, all das zu verlassen und in einer solchen Nacht wegzugehen?

Der Jüngling seufzte: Aus Enttäuschung verließ ich all diese Dinge und trat aus dem Kloster aus. Man ist nur dann ein Mönch in den Augen des Abtes, wenn man zu seinem willfährigen Instrument wird, gefühllos und kraftlos, und weder hört noch sieht. Ich habe das Kloster verlassen, weil ich weder blind noch stumm bin, sondern ein Mensch, der hört und sieht.

Rachel und Miriam blickten ihn an, als ob sie in seinem Gesicht ein wohlgehütetes Geheimnis entdeckt hätten, das er ihnen verschwieg, und nach einer Weile fragte die Mutter:

Geht denn ein Mensch, der sieht und hört, ausgerechnet in einer solchen Nacht weg, welche die Augen blendet und die Ohren verschließt?
Der Jüngling senkte seinen Kopf und sagte leise: Man hat mich aus dem Kloster vertrieben!
Vertrieben? fragte Rachel betroffen, und Miriam wiederholte: Vertrieben?
Ja, ich wurde aus dem Kloster vertrieben, weil ich nicht mit meinen eigenen Händen mein Grab schaufeln wollte, weil ich es leid war, in Lüge und Heuchelei zu verharren. Meine Seele weigerte sich, sorglos und angenehm zu leben von dem Besitz der Armen und Elenden, und mein Geist lehnte es ab, die Güter des Volkes zu genießen. Ich wurde vertrieben, weil ich keine Ruhe finden konnte in den geräumigen Zimmern, die von den Bewohnern der Hütten gebaut wurden. Ich vermochte das Brot nicht mehr zu essen, das mit den Tränen der Waisen und Witwen gebacken wurde, und ich vermochte das Gebet nicht mehr zu sprechen, das der Abt verkaufte für das Geld der Gläubigen. Wie ein Aussätziger wurde ich aus dem Kloster vertrieben, weil ich den Mönchen und Priestern stets die Verse jenes Buches wiederholte, das sie zu Mönchen und Priestern gemacht hatte.
Der Jüngling schwieg. Rachel und Miriam sahen ihn immer noch sprachlos an, staunten über seinen Bericht und betrachteten sein schönes trauriges Gesicht. Von Zeit zu Zeit sahen sie sich gegenseitig an, als ob sie sich über die eigenartigen Gründe befragen wollten, die ihn zu ihnen geführt hatten. Dann wollte Rachel wissen: Wo sind dein Vater und deine Mutter, mein Bruder? Leben sie noch?
Der Jüngling erwiderte: Ich habe weder Vater noch Mutter, weder Geschwister noch eine Heimat.
Rachel drehte ihr Gesicht zur Wand, um die Tränen in ihren

Augen zu verbergen. Der junge Mann hatte dies bemerkt, und sein Herz wurde warm bei dieser Anteilnahme – so wie die Blume auflebt, die zwischen Felsenwänden wächst, wenn der Morgentau auf ihr Herz tropft.

Dann fuhr er fort. Mein Vater und meine Mutter starben, bevor ich das siebte Lebensjahr erreichte. Daraufhin brachte mich der Pfarrer des Dorfes, in dem ich geboren wurde, ins Kloster Qushaya. Die Mönche freuten sich und stellten mich als Hirten für ihre Herden an.

Als ich das fünfzehnte Lebensjahr erreicht hatte, zogen sie mir diese schwarze Kutte an, stellten mich vor den Altar und forderten mich auf: Schwöre bei Gott und seinen Heiligen, daß du deine Gelübde der Armut, des Gehorsams und der Keuschheit ablegst. Ich wiederholte diese Worte, bevor ich ihren Sinn verstand, bevor ich die Bedeutung der Armut, des Gehorsams und der Keuschheit begriff, und bevor ich den engen Weg sah, den sie mir wiesen.

Mein Name war Khalil, doch seit der Ablegung meines Gelübdes nannten mich die Mönche «Bruder Mubarak». Aber sie behandelten mich nicht wie einen Bruder: Während sie höchst angenehm lebten, Fleischgerichte und köstliche Speisen genossen, gaben sie mir trockenes Brot zu essen und getrocknetes Gemüse. Und während sie sich an köstlichen Weinen und anderen alkoholischen Getränken delektierten, gaben sie mir nur Wasser zu trinken, das ich mit meinen Tränen mischte. Sie legten sich in weichen, bequemen Betten zur Ruhe und ließen mich auf einem Lager aus Stein schlafen.

Und im stillen stellte ich mir immer wieder die Frage: Wann werde ich ein Mönch sein wie sie und mit diesen Glücklichen ihre Glückseligkeit teilen? Wann werde ich würdig sein, ihre Annehmlichkeiten und Freuden zu genießen?

Wann wird mir der Geruch ihrer Speisen nicht mehr das Herz brechen und die Farbe ihrer Weine meine Innerstes nicht mehr martern? Wann werde ich vor der Stimme des Abtes nicht mehr zittern?

Doch vergeblich wünschte ich, ihnen gleich zu sein, und meine Träume von einem besseren Leben waren wirkungslos. Ich mußte weiterhin die Kühe hüten, schwere Steine tragen und die Erde umgraben. All diese Arbeiten verrichtete ich für ein Stück Brot und meine enge Zelle. Ich wußte nicht, daß ich an einem anderen Ort außerhalb des Klosters leben konnte, denn sie hatten mich die Abneigung gegen alles gelehrt, was ihrer Lebensweise widersprach. Sie vergifteten meine Seele und ließen mich in Unterwerfung und Verzweiflung vegetieren, bis ich glaubte, daß diese Welt ein Meer von Traurigkeit und Elend ist und das Kloster der einzige Hafen des Glücks.

Khalils trauriges Gesicht erhellte sich plötzlich, als ob eine erfreuliche Vision vor ihm aufgetaucht wäre. Rachel und Miriam blieben still und sahen ihn unverwandt an. Nach einer Weile fuhr er fort: Aber der Himmel, der mir meine Eltern nahm und mich als Waisen ins Kloster verbannte, wollte nicht, daß ich mein ganzes Leben wie ein Blinder verbringe, der sich auf gefährlichen Engpässen bewegt. Es war nicht sein Wille, daß ich bis zum Ende meines Lebens ein unglücklicher und gedemütigter Knecht bleibe. Er öffnete meine Augen und Ohren, und er zeigte mir das helle Licht und die reine Wahrheit.

Rachel fragte ungläubig: Gibt es ein anderes Licht als das, was die Sonne ausgießt? Und ist es möglich, daß ein Mensch die reine Wahrheit erfährt?

Khalil erwiderte: Das wahre Licht ist das Licht, das aus dem Innern der menschlichen Seele hervorbricht, das den anderen das Geheimnis seiner Seele offenbart und andere glücklich macht, so daß sie singen im Namen des Geistes. Die Wahrheit aber gleicht den Sternen: Sie erscheint nur auf dem dunklen Hintergrund der Nacht. Die Wahrheit ist wie alle schönen und guten Dinge in dieser Welt: Ihre Wirkungen enthüllen sich nur dem, der die Unbarmherzigkeit der Falschheit und Verstellung gespürt hat. Die Wahrheit ist das verborgene Gefühl, das uns lehrt, uns zu erfreuen und die Freude mit allen Menschen zu teilen.

Derjenige, der das Himmelreich in diesem Leben nicht entdeckt, wird es auch im kommenden Leben nicht erfahren. Wir sind nicht als Verbannte und Verworfene in diese Welt gekommen, sondern als Kinder, die die Freuden und Schönheiten des Lebens kennenlernen sollen und durch die Erkenntnis dieser Geheimnisse den ewigen Schöpfer anbeten. Das ist die Wahrheit, die ich entdeckte, als ich die Lehren Jesu des Nazareners las, und das ist das Licht, das seine Worte in meinem Innern bewirkten. Aufgrund dieser Lehre erkannte ich, daß das Kloster wie ein finsterer Schacht ist, aus dem die Gespenster hervorgehen, die uns Furcht und Angst einjagen und uns töten. Und das war mein Trost, als ich in den langen Stunden hungrig und seufzend im Schatten der Bäume lag.

Eines Tages, als meine Seele trunken war von diesem himmlischen Wein, faßte ich Mut und stellte mich vor die Mönche hin, als sie wie gemästete Lämmer im Klostergarten saßen. Ich begann ihnen meine Gedanken und Erfahrungen mitzuteilen und ihnen Verse aus dem Heiligen Buch vorzulesen, die ihre Abweichung von den Lehren ihres Meisters deutlich machen. Ich sagte zu ihnen: Warum verbringen wir unser Leben in dieser Zurückgezogenheit, die Güter der Armen und Unglücklichen genießend und uns sättigend an dem Brot, das mit dem Schweiß ihrer Stirn und den Tränen ihrer Wimpern zubereitet wird? Warum verprassen wir die Ernteerträge der Erde, die wir ihnen geraubt haben? Warum leben wir im Schatten des Nichtstuns und der Trägheit, abgesondert vom Volk, das unseres Wissens und unserer Kenntnisse bedarf? Warum berauben wir das Land der Kraft unserer Seelen und der Stärke unserer Arme?

Jesus der Nazarener hat Euch wie Lämmer unter die Wölfe geschickt! Welche Lehre heißt Euch, wie Wölfe unter Lämmern zu leben? Warum entfernt Ihr Euch von den Menschen? Wenn Ihr besser seid als die anderen, die sich im Reigen des Lebens bewegen, so solltet Ihr zu ihnen gehen und sie lehren. Und wenn sie besser sind als Ihr, so geht zu ihnen und lernt von ihnen ...

Ihr gelobt die Armut und lebt wie die Prinzen! Ihr gelobt Gehorsam und rebelliert gegen das Evangelium! Ihr gelobt die Keuschheit, und Eure Herzen sind voller Begierden. Ihr gebt vor, Eure Körper abzutöten, doch was Ihr tötet, sind Eure Seelen. Ihr gebt vor, Euch von weltlichen Dingen zu enthalten, und doch seid Ihr habgierig. Ihr heuchelt Askese und Frömmigkeit und seid wie die Tiere einzig und allein damit beschäftigt, zu wissen, wo es gutes Weideland gibt.

Kommt, laßt uns die riesigen Ländereien des Klosters den bedürftigen Bewohnern dieses Dorfes zurückgeben! Legen wir den Reichtum, den wir ihnen wegnahmen, in ihre Taschen zurück! Verstreuen wir uns in alle Richtungen, wie die Vogelscharen, und bieten wir unsere Dienste dem schwachen Volk an, das uns stark machte. Wir werden zusammen das Land verbessern, von dessen Erträgen wir leben. Wir werden diese unglückliche Nation lehren, dem Licht der Sonne zuzulächeln, sich an den Gaben des Himmels zu erfreuen und das Leben und die Freiheit zu rühmen ...

Wahrlich, die Mühen, denen wir uns bei den Menschen unterziehen werden, sind würdiger und beglückender als die Ruhe, die wir hier pflegen; die Güte, mit der wir das Herz des Nächsten berühren werden, ist erhabener als die in den Winkeln des Klosters verborgenen Tugenden; und das Wort des Trostes, das wir an die Schwachen, an den Verbrecher und an die gefallene Frau richten werden, ist verdienstvoller als das lange Gebet, das wir im Tempel verrichten.

Khalil schwieg eine Weile, um Atem zu holen. Dann blickte er Rachel und Miriam an und fuhr in seinem Bericht fort: Von diesen und ähnlichen Dingen habe ich zu den Mönchen gesprochen. Sie hörten mir mit Befremden und Verblüffung zu, denn es überstieg ihr Fassungsvermögen, daß ein Jüngling wie ich es wagte, vor ihnen zu stehen und in dieser Sprache mit ihnen zu reden. Kaum hatte ich zu Ende gesprochen, da trat einer von ihnen zu mir und schalt mich: Wagst du es, du Schwächling, so mit uns zu reden! Ein anderer näherte sich und spottete: Hast du diese Weisheit von den Kühen und Schweinen gelernt, in deren Gesellschaft du deine Tage verbringst? Ein anderer kam auf mich zu und drohte: Du wirst schon sehen, was dich erwartet, du Ungläubiger! Dann entfernten sich alle von mir wie die Gesunden, die vor einem Aussätzigen fliehen.

Einige von ihnen gingen zum Abt, um sich über mich zu beschweren. Bei Sonnenuntergang ließ er mich zu sich rufen, und nachdem er mich lautstark gescholten hatte, so daß alle Mönche es hören konnten und frohlockten, ordnete er meine Auspeitschung an. Sie schlugen mich mit einer Peitsche aus Seilen. Dann befahl er, mich einen Monat einzusperren. Die Mönche führten mich schadenfroh lachend in ein feuchtes, dunkles Verlies.

Einen Monat verbrachte ich wie ein lebendig Begrabener.

Ich sah kein Licht und konnte das Ende der Nacht nicht vom Beginn des Tages unterscheiden. Ich fühlte nichts als das Kriechen der Insekten, und ich berührte nichts als Staub. Die Tage folgten den Nächten, und ich machte mir in den Stunden meiner Einsamkeit darüber Gedanken, auf welche Weise ich den Mönchen das Licht, das meine Seele erhellte, sichtbar machen und ihnen die Melodie des Lebens hörbar machen könnte. Aber es war unnötig, darüber nachzudenken, denn der dichte Schleier, den die langen Epochen auf ihr Verständnis und ihre Einsicht gewoben haben, kann nicht in einigen Tagen entfernt werden; und der Lehm, den die Dummheit auf ihre Ohren sprühte, ist steinhart geworden und kann nicht durch eine leichte Berührung mit den Fingern beseitigt werden.

Nach einer Weile blickte Miriam ihre Mutter an, als ob sie diese um das Wort bitten wollte, dann fragte sie Khalil: Hast du ein zweites Mal vor den Mönchen gesprochen und haben sie dich deshalb aus dem Kloster verjagt in dieser furchtbaren Nacht, die die Menschen lehren sollte, erbarmungsvoll und hilfsbereit zu sein – selbst zu seinen Feinden?

Khalil nickte und setzte seinen Bericht fort: An diesem Abend, als der Sturm immer gewaltiger wurde, saß ich abseits von den Mönchen, die sich am Feuer wärmten und damit beschäftigt waren, einander lustige Geschichten und Begebenheiten zu erzählen. Ich öffnete das Evangelium, um Worte zu meditieren, die unsere Seelen frei machen und erfreuen und uns den Zorn der Natur und das Wüten der Elemente vergessen lassen.

Als die Mönche mich so sitzen sahen, nahmen sie mein Abgesondertsein zum willkommenen Anlaß, sich über mich lustig zu machen. Einer von ihnen fragte: Was liest du denn da, großer Meister?

Ich öffnete das Evangelium wieder und las daraus mit lauter Stimme die Worte Johannes des Täufers vor. Er sagte zu der Menge, die hinausgekommen war, um sich von ihm taufen zu lassen: Ihr Schlangenbrut, wer hat Euch denn gelehrt, daß Ihr dem kommenden Gericht entkommen könnt? Bringt Früchte hervor, die Eure Umkehr zeigen, und sagt nicht: Wir haben ja Abraham zum Vater. Denn ich sage Euch: Gott kann aus diesen Steinen Kinder Abrahams machen. Schon ist die Axt an die Wurzel der Bäume gelegt; jeder Baum, der keine gute Frucht hervorbringt, wird umgehauen und ins Feuer geworfen. Da fragten ihn die Leute: Was sollen wir also tun? Er antwortete ihnen: Wer zwei Gewänder hat, der gebe eines davon dem, der keines hat, und wer zu essen hat, der handle ebenso.

Als ich diese Worte gelesen hatte, verharrten die Mönche einen Augenblick im Schweigen, als hätte sie eine unsichtbare Hand berührt. Dann aber begannen sie laut zu lachen, und einer von ihnen sagte: Wir haben diese Worte schon unzählige Male gelesen, und wir brauchen keinen Kuhhirten wie dich, um sie uns auszulegen.

Ich entgegnete ihnen: Wenn Ihr diese Worte lesen würdet und verstehen könntet, wären die Bewohner dieses Dorfes, das jetzt vom Schnee bedeckt ist, nicht von Kälte und Hunger geplagt, während Ihr ihre Güter genießt, den Saft ihrer Weinreben trinkt und das Fleisch ihrer Herden eßt ...

Kaum hatte ich diese Worte ausgesprochen, da schlug mich einer der Mönche ins Gesicht, als ob ich Torheiten redete; ein anderer versetzte mir einen Fußtritt, und wieder ein anderer riß mir das Buch aus der Hand. Einer benachrichtigte den Abt, der bald darauf erschien. Als sie ihn darüber informierten, was geschehen ist, richtete er sich auf, zog seine Stirn in Falten, holte tief Luft und schrie vor Zorn zitternd:

Ergreift diesen Rebellen und bringt ihn weit weg von diesem Kloster! Mögen die wütenden Elemente ihn Gehorsam lehren! Schafft ihn hinaus in die eisige Finsternis, damit die Natur an ihm handelt nach dem Willen Gottes! Dann wascht von Euren Händen das Gift der Ungläubigkeit ab, das an seinen Kleidern haftet! Und wenn er zurückkehrt, Reue zur Schau tragend und Euch demütig um Mitleid bittend, öffnet ihm nicht die Tür, denn eine Natter verwandelt sich nicht in eine Taube – auch wenn sie im Käfig eingeschlossen wird, und ein Dornstrauch trägt keine Feigen – auch wenn er in den Weingarten gepflanzt wird.

Da ergriffen mich die Mönche und schleppten mich gewaltsam nach draußen, dann kehrten sie lachend zum Kloster zurück.

Khalil seufzte und wandte sein Gesicht dem Feuer zu, das im Herd flackerte, und mit einer Stimme, deren Sanftheit verletzt, sagte er: So wurde ich aus dem Kloster vertrieben und der Hand des Todes übergeben. Ich lief blind in die Nacht hinein, und der Nebel verhüllte den Weg vor meinem Blick, der starke Wind zerriß meine Kleider, und der Schnee reichte mir bis zu den Knien. Es dauerte nicht lange, bis sich meine Kräfte erschöpften; ich fiel hin und rief um Hilfe wie ein Verzweifelter, der weiß, daß keiner da ist, der ihn hört außer dem furchtbaren Tod und den finsteren Tälern.

Aber hinter dem Schnee und dem Sturm, hinter der Finsternis und den Wolken, hinter dem Äther und den Gestirnen, hinter allen Dingen gab es eine Macht, die alles Wissen und Erbarmen in sich vereint. Sie hörte meinen Schrei und mein Rufen, und sie wollte nicht, daß ich sterbe, bevor ich die übrigen Geheimnisse des Lebens entdeckt habe. Sie hat Euch zu mir geschickt, um mich aus den Tiefen der Abgründe des Nichts zu erretten.

Der Jüngling schwieg. Rachel legte ihre Hand auf seine und sagte: Derjenige, den der Himmel als Verteidiger des Rechts auswählt, wird nicht untergehen! Weder werden die Ungerechten ihn überwältigen, noch werden Schnee und Sturm ihn töten.
Und Miriam flüsterte: Sturm und Schnee vernichten wohl die Blumen, aber ihre Samen können sie nicht töten.
Kaum waren einige Minuten vergangen, da schloß Khalil seine Augenlider und schlief friedlich ein – wie ein Kind auf den Armen seiner Mutter. Rachel erhob sich leise, und Miriam folgte ihr, und sie setzten sich auf ihr Bett und betrachteten ihn. Die Mutter flüsterte: Von seinen geschlossenen Augen geht eine seltsame Kraft aus, die in der Stille spricht und die guten Bestrebungen der Seele weckt.
Und Miriam sagte: Mutter, seine Hände sind wie die Hände Jesu auf dem Bild in der Kirche.
Und Rachel fügte flüsternd hinzu: In seinem traurigen Gesicht verbinden sich die Sanftheit der Frau und die Stärke des Mannes.

4

Zwei Wochen waren nach dieser denkwürdigen Nacht vergangen. Zeitweise hatte sich der Himmel beruhigt, dann zürnte er wieder, bedeckte die Täler mit grauen Wolken und die Hügel und Berge mit Schnee. Dreimal schon hatte Khalil versucht, seinen Weg zur Küste fortzusetzen, und jedesmal hatte Rachel ihn freundlich davon abgehalten, indem sie sagte:
Liefere dein Leben nicht zum zweiten Mal den wütenden Elementen aus, Bruder, sondern bleib lieber hier! Das Brot, das zwei Personen sättigt, reicht auch für drei, und das Feuer

im Ofen bleibt das gleiche – nach deinem Weggang wie vor deinem Kommen. Wir sind wohl arm, aber wir leben vor dem Angesicht der Sonne wie alle Menschen, und Gott gibt uns unser tägliches Brot.

Miriam aber bat ihn mit ihren Blicken, bei ihnen zu bleiben, denn seit seiner Ankunft in dieses arme Haus – als er zwischen Leben und Tod schwankte – spürte sie durch sein Dasein eine göttliche Kraft in ihrer Seele, die ihrem Herzen neues Leben und Licht verlieh und beglückende Gefühle in ihrem Innersten weckte. Zum ersten Mal in ihrem Leben fühlte sie diese Kraft, die das lautere Herz eines jungen Mädchens in eine weiße Rose verwandelt, die sich am Morgentau erquickt und süßen Wohlgeruch verströmt.

Im Innern des Menschen gibt es kein Gefühl, das lauterer und tiefer ist als jenes verborgene Gefühl, das plötzlich im Herzen eines jungen Mädchens erwacht und die Zellen seiner Seele mit zauberhaften Melodien erfüllt. Es verwandelt ihre Tage in Träume von Dichtern und ihre Nächte in Visionen von Propheten.

Und unter den Geheimnissen der Natur gibt es kein größeres und schöneres Geheimnis als jenes Gefühl, welches das Schweigen der Seele in eine andauernde Schwingung verwandelt, die durch ihre Stärke die Erinnerungen der Vergangenheit übertönt und die Zukunft mit den Klängen süßer Hoffnungen erfüllt.

Khalil spürte die Schwingungen der Seele Miriams zu seiner Seele dringen, und er ahnte, daß die heilige Flamme, die sein Herz entzündet hatte, auch das ihre berührte.

Und er fragte sich im stillen: Was sind das für verborgene Geheimnisse, die uns narren und zum besten halten? Und was für Gesetze sind es, die uns manchmal auf unwegsamen, zerklüfteten Wegen gehen lassen, auf denen wir uns wie von einer Hand geführt bewegen und die uns dann wieder vor dem Angesicht der Sonne rasten lassen, so daß wir fröhlich innehalten? Manchmal lassen sie uns den Gipfel des Berges erreichen, und wir lächeln zufrieden, und ein anderes Mal lassen sie uns hinabstürzen bis in die Tiefen der Täler, und wir klagen vor lauter Leid. Was ist das für ein Leben, das uns einen Tag umarmt wie einen Freund und den anderen Tag ohrfeigt wie einen Feind?

Eines Abends, als Khalil in der Nähe des Fensters stand, das auf das schneebedeckte Tal hinausging, das aussah, wie in ein Leichentuch gehüllt, kam Miriam zu ihm, stellte sich neben ihn und blickte aus dem Fenster. Er schaute sie an, und als seine Augen den ihren begegneten, seufzte er, wandte seine Blicke ab und schloß seine Lider, als suche sein Geist die Tiefen der Unendlichkeit, um ein Wort zu finden, das er ihr sagen könnte.

Miriam überwand ihre Scheu und fragte ihn: Wohin gehst du, wenn der Schnee schmilzt und die Wege wieder frei sind?

Er öffnete seine großen Augen, schaute in den weiten Horizont und sagte: Ich werde dem Weg folgen, ohne zu wissen, wohin er mich führt.

Miriam erkundigte sich zaghaft weiter: Warum willst du nicht in diesem Dorf wohnen und in unserer Nähe bleiben? Ist das Leben hier nicht einem Leben in der Fremde vorzuziehen?

Ihre Worte und die Melodie ihrer Stimme rührten ihn, und er erklärte ihr: Die Bewohner dieses Dorfes werden sich weigern, den aus dem Kloster Verbannten als ihren Nachbarn aufzunehmen. Sie erlauben ihm nicht die Luft zu atmen, von der sie leben, denn sie glauben, daß ein Feind der Mönche auch ein Feind Gottes und seiner Heiligen ist.

Miriam schwieg, denn diese schmerzliche Wahrheit ließ sie verstummen. Khalil stützte seinen Kopf auf die Hand und sagte nachdenklich: Und wenn ich ihnen sage: Brüder, lauscht der Stimme Eurer Herzen und tut den Willen des Geistes, der in Eurer Seele wohnt, dann werden sie sagen: Er ist ein Aufrührer! Er will uns zum Ungehorsam verführen gegenüber den Institutionen, die Gott zwischen Himmel und Erde als Mittler aufgestellt hat!
Khalil blickte Miriam in die Augen, und mit einer Stimme, die mit dem Klang silberner Saiten spricht, sagte er: In diesem Dorf, Miriam, gibt es jedoch eine magische Kraft, die mich anzieht – eine himmlische Macht, die mich die Demütigungen der Mönche vergessen ließ. In diesem Dorf begegnete ich dem Tod von Angesicht zu Angesicht, und hier umarmte meinen Geist der Geist Gottes. In diesem Dorf gibt es eine Blume, die zwischen Dornen wächst; ihre Schönheit zieht meine Seele an, und ihr Duft erfüllt mein Herz. Kann ich diese Blume verlassen und weggehen, um meine Überzeugung zu verkünden, die mich aus dem Kloster trieb, oder soll ich an ihrer Seite bleiben und für meine Ideen und Träume ein Grab schaufeln zwischen den Dornen, die sie umgeben? Was soll ich tun, Miriam?
Bei diesen Worten zitterte Miriam wie eine Lilie vor der Brise der Morgendämmerung, und das Glück ihres Herzens leuchtete aus ihren Augen. Sie sagte: Wir beide sind in den Händen einer verborgenen, gerechten und gütigen Macht. Lassen wir sie mit uns machen, was sie will!

5

Von Anbeginn der Zeit bis in unsere Tage hinein verbündet sich die Klasse der Herrschenden mit der Geistlichkeit gegen das Volk. Das ist eine chronische Krankheit, die die menschliche Gemeinschaft befallen hat und von der sie nur durch die Ausrottung der Unwissenheit befreit werden kann. Erst wenn der Verstand König und das Herz Priester ist, wird diese Welt gesunden.

An diesem Abend, während Khalil und Miriam sich dem Thron der Liebe näherten und Rachel, die das Geheimnis ihrer Herzen ahnte, sie wohlwollend betrachtete, kam der Priester Elias, der Pfarrer dieses Dorfes war, zu Scheich Abbas. Er berichtete ihm, daß die frommen Mönche einen jungen Rebellen aus ihrem Kloster vertrieben hätten, der vor zwei Wochen in dieses Dorf gekommen sei, wo er im Hause der Witwe des Simon ar-Rami wohne.

Der Priester Elias ließ es nicht dabei bewenden, dem Scheich die Nachricht zu überbringen, sondern er fuhr fort: Der Teufel, den man aus dem Kloster vertrieben hat, verwandelt sich hier gewiß nicht in einen Engel, und der Feigenbaum, den der Herr der Felder gefällt und ins Feuer geworfen hat, bringt sicher keine Frucht mehr. Wenn wir wollen, daß dieses Dorf heil bleibt und nicht von den Keimen bösartiger, ansteckender Krankheiten verseucht wird, müssen wir diesen Jüngling aus unseren Häusern und von unseren Feldern vertreiben, wie es die Mönche des Klosters taten.

Scheich Abbas sah aus wie ein Tiger, der sich auf seine Beute stürzt, als er mit lauter Stimme nach seinen Dienern rief. Er befahl ihnen: Im Hause der Witwe Rachel befindet sich ein Verbrecher in der Kutte eines Mönchs. Bringt ihn gefesselt hierher! Und wenn die Frau sich widersetzt, schleift sie an

den Haaren her, denn wer dem Verbrecher hilft, macht sich schuldig!
Die Diener neigten ihre Köpfe und eilten hinaus, um den Willen ihres Herrn auszuführen. Scheich Abbas und der Priester blieben zurück und besprachen, was mit dem Jüngling und der Witwe Rachel zu geschehen habe.


6


Während Rachel, Miriam und Khalil um den Tisch saßen und zu Abend aßen, klopfte es an die Tür, und die Diener von Scheich Abbas drangen in die Hütte ein, ohne eine Antwort abzuwarten. Rachel drehte sich erschrocken um, und Miriam seufzte ängstlich. Khalil blieb ruhig, als ob ihm seine Seele das Kommen dieser Männer vorhergesagt hätte.
Einer der Diener schlug Khalil auf die Schulter und fragte grob: Bist du nicht der Jüngling, der aus dem Kloster vertrieben wurde?
Ich bin es! Was wollt Ihr von mir? entgegnete Khalil mit ruhiger Stimme.
Der Mann antwortete: Wir sollen dich gefesselt zu Scheich Abbas bringen, und wenn du dich uns widersetzen solltest, schleifen wir dich wie ein getötetes Lamm über den Schnee!
Rachel erhob sich. Ihr Gesicht war bleich und ihre Stirn in Falten gezogen. Mit zitternder Stimme fragte sie: Warum wollt Ihr ihn fesseln? Welches Verbrechen hat er denn begangen?
Da rief einer der Diener zornig: Gibt es in diesem Dorf eine Frau, die sich dem Willen des Scheichs Abbas entgegenstellt? Bei diesen Worten nahm er eine dicke Kordel, die um seine Taille gewickelt war, und machte sich daran, die Handgelen-

ke Khalils damit zu fesseln. Khalil erhob sich, ohne eine Miene zu verziehen, und sein Kopf blieb aufrecht wie ein Turm inmitten des Sturms.

Traurig lächelnd sagte er zu den Männern: Ich habe Mitleid mit Euch, denn Ihr seid ein starkes, aber blindes Instrument in der Hand eines schwachen Sehenden! Er tut Euch Unrecht und zerbricht die Schwachen dank Eurer Kräfte. Hier bin ich! Fesselt mich und macht mit mir, was Ihr müßt!

Die Männer schauten ihn verblüfft an, und sie waren einen Moment verwirrt, als ob die Sanftheit seiner Stimme sie verzaubert und die guten Regungen geweckt hätte, die in den Tiefen ihrer Herzen schlummerten. Doch dann fuhren sie fort, ihn zu fesseln, als hätten sie das Echo der Stimme von Scheich Abbas gehört, die sie daran erinnerte, ihre Pflicht zu verrichten, für die sie ausgeschickt worden waren. Sie beendeten ihr Werk und führten Khalil schweigend ab – während sie in den Falten ihres Gewissens einen leisen Schmerz spürten. Rachel und Miriam folgten ihm bis ins Haus des Scheichs Abbas – wie die Frauen von Jerusalem, die Jesus nach Golgatha begleiteten.

## 7

Neuigkeiten werden bei Dorfbewohnern mit der Schnelligkeit des Gedankens weitergetragen, denn ihre weite Entfernung von allen Ereignissen des geselligen und gesellschaftlichen Lebens bewirkt es, daß sie sich mit aller ihnen zu Gebote stehenden Aufmerksamkeit für das interessieren, was in ihrem begrenzten Umkreis geschieht.

So war es auch an diesem Abend. Kaum hatten die Diener des Scheichs Abbas Khalil festgenommen, da hatte sich die

Neuigkeit auch schon bei sämtlichen Bewohnern jenes Dorfes herumgesprochen. Sie verließen ihre Hütten und kamen von allen Seiten herbeigeeilt wie zerstreute Soldaten. Kaum waren die Diener mit dem gefesselten Jüngling im Palast des Scheichs Abbas angekommen, da versammelten sich auch schon um ihn herum die Männer, Frauen und Kinder des Dorfes. Alle reckten die Hälse, beseelt von dem Wunsch, einen Blick auf den Ungläubigen zu werfen, den man aus dem Kloster vertrieben hatte, sowie auf die Witwe Rachel und ihre Tochter Miriam, die sich dem Abtrünnigen zugesellt hatten, um das Gift der höllischen Krankheit in ihrem Dorf zu verbreiten.

Scheich Abbas thronte auf einem erhöhten Sitz, und an seiner Seite saß mit übereinandergeschlagenen Beinen der Priester Elias. Die Diener und Bauern standen vor ihnen und blickten auf den gefesselten Jüngling in ihrer Mitte, der mit erhobenem Kopf aufrecht dastand wie ein hoch aufragender Berg in der Ebene. Rachel und Miriam standen hinter ihm; Angst schlich um ihre Herzen, und die harten, neugierigen Blicke der Menge verletzten ihre Seelen. Doch was kann die Angst dem Gefühl einer Frau anhaben, die die Wahrheit gesehen hat und ihr folgt? Und was können die strengen Blicke der Menge im Herzen eines jungen Mädchens ausrichten, das den Ruf der Liebe gehört hat und ihm folgt?

In diesem Moment blickte Scheich Abbas den Jüngling mit strenger Miene an und rief mit einer Stimme, die der Brandung des Meeres glich: Wie heißt du, junger Mann?

Er antwortete: Mein Name ist Khalil!

Der Scheich erkundigte sich weiter: Wer sind deine Familie und deine Verwandten und welcher ist dein Geburtsort?

Khalil wandte sich den Bauern zu, die ihn mit Haß und Abneigung ansahen, und erwiderte: Die Armen, Elenden und

Unterdrückten sind meine Familie, und dieses weite Land ist meine Heimat.

Scheich Abbas lachte und sagte spöttisch: Diejenigen, mit denen du verwandt sein willst, verlangen deine Bestrafung, und das Land, das du deine Heimat nennst, weigert sich, dich zu seinen Bewohnern zu zählen.

Khalils Herz schlug heftig, als er entgegnete: Die unwissenden Völker ergreifen ihre besten Söhne und liefern sie der Grausamkeit der Ausbeuter und Unterdrücker aus; und das Land, das von Schmach und Erniedrigung überzogen ist, unterjocht diejenigen, die es lieben und erretten. Aber wird der gute Sohn seine Mutter verlassen, wenn sie krank ist? Und wird der aufrichtige Bruder seinen Bruder verleugnen, wenn er elend ist?

Diese Unglücklichen, die mich dir heute ausgeliefert haben, haben dir vorher ihre eigenen Nacken ausgeliefert; und diejenigen, die mich heute vor dir erniedrigen, säen die Körner ihrer Herzen in deine Felder und vergießen ihr Blut für dich. Diese Erde, die sich weigert, mich unter ihre Bewohner zu zählen, ist dieselbe Erde, die ihr Maul nicht aufsperrt, um die Tyrannen und Ausbeuter zu verschlingen.

Scheich Abbas brach in schallendes Gelächter aus, als ob er den Geist des jungen Mannes mit seinem Lachen verwirren und Khalil daran hindern wollte, die Herzen der einfachen Zuhörer zu erobern, und er sagte: Warst du nicht Hirte der Bullen im Kloster, du unverschämter Dickschädel? Warum hast du deine Herde verlassen und bist vertrieben worden? Dachtest du, das Volk hätte mehr Mitleid mit dir als die frommen Mönche im Kloster?

Ich war ein Hirte und kein Schlächter, entgegnete Khalil. Ich führte das Vieh auf grüne Wiesen und fruchtbare Weiden und weidete es nie auf unbewachsenem, trockenem

Land. Zu frischen Quellen führte ich es und hielt es fern von schmutzigen Sümpfen. Am Abend brachte ich es in die Ställe zurück und ließ es nie über Nacht in den Tälern als Beute für die Wölfe und andere Raubtiere.
So hütete ich meine Herde. Und wenn du dich ebenso um deine ausgemergelte Gemeinde gekümmert hättest, die hier um uns steht, würdest du nicht in diesem prächtigen Palast wohnen, während sie vor Hunger sterben in ihren dunklen Hütten. Und wenn du Mitleid hättest mit den Söhnen Gottes wie ich mit der Herde des Klosters, dann säßest du jetzt nicht auf diesem Sitz aus Seide, während sie wie nackte Rohre vor dem Nordwind stehen ...
Scheich Abbas bewegte sich ärgerlich auf seinem Sitz, auf seine Stirn traten Schweißperlen. Sein höhnisches Lachen verwandelte sich in bitteren Zorn, doch er beherrschte sich, um sich vor seinen Untertanen keine Blöße zu geben. Er machte eine wegwerfende Handbewegung und sprach: Wir haben dich nicht gefesselt zu uns holen lassen, du eifernder Ketzer, um deine Predigten anzuhören, sondern wir ließen dich kommen, um dich zu richten. Denk daran, daß du vor dem Herrn dieses Dorfes und vor dem Repräsentanten unseres Emirs, des Emirs Amin asch-Schehabi, stehst, den Gott segnen möge, sowie vor dem Priester Elias, der die heilige Kirche vertritt, die du verleugnet hast. Verteidige dich, wenn du der Anklage etwas entgegenzusetzen hast, ansonsten knie dich hin, flehe um Erbarmen und bereue dein Vergehen vor uns und vor der Menge, die dich verspottet; vielleicht werden wir dir verzeihen und dich zum Hirten für unsere Kühe machen und dich mit der Arbeit betrauen, die du im Kloster verrichtet hast.
Khalil antwortete mit ruhiger Stimme: Ein Verbrecher kann nicht von Verbrechern gerichtet werden, und der Abtrün-

nige kann sich nicht vor Heuchlern verteidigen. Ihr seid gekommen, um den ungläubigen Verbrecher im Angesicht seiner Richter stehen zu sehen. Ich bin dieser Verbrecher! Ich bin der Ketzer! Hört mich an und seid nicht mitleidig, sondern gerecht, denn Mitleid gebührt dem Verbrecher, die Unschuldigen aber verlangen Gerechtigkeit.

Ich erwähle Euch zu meinen Richtern, denn der Wille des Volkes ist der Wille Gottes. Gebt acht, hört mir gut zu, und dann richtet mich, wie es Euer Gewissen für richtig hält. Man hat Euch gesagt, daß ich ein Verbrecher und ein Ketzer bin, doch Ihr kennt mein Verbrechen nicht. Ihr saht mich gefesselt wie einen gefährlichen Übeltäter, doch Ihr habt mein Vergehen noch nicht erfahren. Die wahren Verbrechen bleiben in diesem Land hinter dem Nebel verborgen, und die Strafe erscheint den Menschen wie ein Blitz in finsterer Nacht.

Mein Verbrechen, Ihr Männer, ist, daß ich Euer Unglück begriffen und das Gewicht Eurer Ketten gespürt habe. Und mein Vergehen, Ihr Frauen, ist mein Erbarmen mit Euch und Euren Kindern, die das Leben aus Euren Brüsten saugen, vermischt mit dem Atem des Todes.

Ich bin einer von Euch, die Ihr hier versammelt seid. Meine Eltern und Vorfahren lebten in diesen Tälern, die Eure Kräfte erschöpfen, und sie starben unter dem Joch, das Eure Nacken beugt.

Ich glaube an Gott, der den Ruf Eurer leidgeprüften Herzen vernimmt und Eure zerschlagenen Herzen sieht. Ich glaube an das Heilige Buch, das uns alle zu Brüdern macht. Ich glaube an die Lehren, die mich und Euch aus der Sklaverei der Menschen befreien. Und ich bin überzeugt, daß wir alle aufrecht und ohne Ketten auf dieser Erde leben sollen, die Gottes Fußschemel ist!

Ich arbeitete im Kloster als Hirte. Doch meine Einsamkeit draußen bei den stummen Tieren hat mich nicht blind gemacht für die Tragödie, die sich auf den Feldern abspielt; und sie hat meine Ohren auch nicht verschlossen vor dem Schrei der Verzweiflung, der sich aus den Winkeln Eurer Hütten erhebt. Er weckte mich auf, und ich sah mich fern von Euch im Kloster, während ich Euch wie eine Herde Schafe durch die Felder gehen sah, die einem Wolf folgte, der sie in seine Höhle führte. Ich hielt mitten auf dem Weg an und schrie um Hilfe. Da griff mich der Wolf an und biß mich mit seinen scharfen Zähnen, dann überlistete er mich und schleppte mich weit weg, damit mein Geschrei nicht die Herde alarmiere, denn er befürchtete, daß sie sich aus Angst in alle Richtungen zerstreue und ihn allein und hungrig im Dunkel der Nacht zurückließe.

Ich ertrug Gefängnisstrafen, Hunger und Durst wegen dieser Wahrheit, die ich mit Blut auf Euren Gesichtern geschrieben sah. Ich erduldete Auspeitschung, Spott und Hohn, weil ich Euren tiefen Seufzern im Kloster Ausdruck verlieh. Ich hatte nie Angst, und mein Herz wurde nie schwach, denn Euer Schrei verfolgte mich und stärkte meine Kräfte und ließ mich Folter, Verachtung und Tod gern in Kauf nehmen.

Ihr fragt Euch jetzt sicher: Wann haben wir geschrien, weil wir unterdrückt waren? Wer von uns hätte je den Mut besessen, seinen Mund zu öffnen? Aber ich sage Euch, daß Eure Seelen jeden Tag schreien wegen des Unrechts, das ihnen zugefügt wird; und Eure gequälten Herzen rufen jede Nacht um Erbarmen. Doch Ihr könnt die Seufzer Euerer Seelen nicht hören, denn der Sterbende vernimmt sein eigenes Röcheln nicht, und nur diejenigen, die in seiner Nähe sitzen, hören es. Und der abgeschossene Vogel tanzt noch eine

Weile unruhig flatternd, ohne es wahrzunehmen, und nur diejenigen, die ihn beobachten, merken es.

Und in welcher Jahreszeit weinen Eure Herzen nicht vor Kummer? Ist es im Frühling, wenn die Natur ihr neues Gewand trägt und Ihr hinausgeht und sie in Euren abgetragenen und verschlissenen Kleidern bestaunt? Ist es im Sommer, wenn Ihr bei der Ernte die Korngarben einsammelt und damit die Speicher Eures ungerechten Herrn füllt, während Ihr für Eure Mühen nur Stroh und Unkraut erhaltet? Ist es im Herbst, wenn Ihr die Früchte einsammelt und die Trauben preßt und Euer Anteil daran Essig und Eicheln sind? Oder ist es im Winter, wenn das garstige Wetter mit Kälte, Schnee und Sturm Euch in Eure Hütten treibt, wo Ihr Euch seufzend ans Feuer setzt, den Zorn der Elemente fürchtend? Das ist Euer Leben, Ihr Unglücklichen! Das ist die Nacht und Finsternis, die Euren Geist überschattet! Das sind die Phantome Eurer Erniedrigung und Eures Elends! Das ist der andauernde Schrei, den ich aus den Tiefen Eurer Herzen dringen hörte! Ich erwachte davon und lehnte mich auf gegen das Verhalten der Mönche und empörte mich gegen Ihre Lebensweise.

In Eurem Namen und im Namen der Gerechtigkeit wies ich sie auf ihre Ungerechtigkeit hin. Sie schalten mich einen Ketzer und vertrieben mich aus dem Kloster. Ich kam zu Euch, um Euer Unglück zu teilen, in Eurer Nähe zu leben und meine Tränen mit den Euren zu mischen. Ihr habt mich gefesselt Eurem mächtigen Feind ausgeliefert, der dank Eurer Reichtümer im Überfluß lebt und sich dank Eurer Mühen seinen Magen füllt!

Gibt es unter Euch niemanden, der weiß, daß die Erde, die Ihr bewirtschaftet und deren Ernteerträge andere genießen, in Wahrheit Euch gehört und daß Scheich Abbas sie Euren

Vorfahren enteignete, als das Recht auf der Schneide des Schwertes geschrieben stand? Und habt Ihr nicht gehört, daß die Mönche Euren Vorfahren Eure Felder und Weingärten abgebettelt und abgelistet haben, als die Lehren der Religion auf den Lippen des Priesters geschrieben waren? Wißt Ihr nicht, daß die Repräsentanten der Religion und die Vertreter der Herrschaft einander beistehen, um Euch zu unterwerfen, um Euch zu erniedrigen und das Blut Eurer Herzen Tropfen um Tropfen auszusaugen? Gibt es einen unter Euch, dem nicht der Nacken gebeugt wurde von dem Priester der Kirche vor dem Herrn der Felder? Und gibt es eine Frau unter Euch, die nicht von dem Herrn der Felder getadelt wurde mit dem Hinweis, die Lehren des Priesters besser zu befolgen?

Ihr habt erfahren, daß Gott zum ersten Menschen sagte: Im Schweiße deines Angesichts sollst du dein Brot essen. Warum aber ißt Scheich Abbas Brot, das mit dem Schweiß Eurer Stirnen gebacken wurde, und warum trinkt er Wein, der mit Euren Tränen gekeltert wurde? Hat Gott diesen Menschen besonders ausgezeichnet und ihn zum Herrscher erkoren im Schoß seiner Mutter? Oder hegte er Zorn gegen Euch – unbekannter Vergehen wegen – und sandte Euch als Sklaven in dieses Leben, um die Ernte der Felder einzuholen und selbst Dornen zu essen; um prächtige Paläste zu bauen und selbst in Hütten zu wohnen, die jeden Augenblick zusammenbrechen können?

Ihr habt gehört, daß Jesus der Nazarener zu seinen Jüngern sagte: Umsonst habt Ihr erhalten, umsonst sollt Ihr weitergeben! Tragt weder Silber und Gold noch Kupfer in Euren Gürteln! Welche Lehre hat es dann den Priestern und Mönchen erlaubt, Ihre Gebete und Ihren Trost gegen Geld und Gold zu verkaufen? Ihr betet in der Stille der Nächte: Herr, gib uns unser tägliches Brot! Und Gott schenkte Euch diese Erde, damit sie Euch genügend Brot gebe. Haben die Äbte der Klöster etwa eine Sondererlaubnis erhalten, Euch das Brot aus Euren Händen zu reißen?

Was bringt Euch dazu, Ihr Unglücklichen, ein Leben der Erniedrigung hinzunehmen und vor einem Götzenbild zu knien, das Angst einflößt, das Lüge und List auf den Gräbern Eurer Väter und Vorväter aufgerichtet haben? Und welchen kostbaren Schatz bewacht Ihr mit Eurer Ergebenheit und Unterwürfigkeit, um ihn Euren Kindern zu vererben?

Eure Seelen sind in der Hand des Priesters und Eure Körper unter der Faust des Gouverneurs; Eure Herzen leben in der Finsternis der Verzweiflung und Unwissenheit. Auf was könnt Ihr in Eurem Leben zeigen, Ihr Entrechteten, und davon sagen: Das gehört uns!

Wißt Ihr, wer der Priester ist, den Ihr fürchtet und den Ihr zum Sachwalter der heiligsten Geheimnisse Eurer Herzen macht? Ich werde Euch zeigen, was Ihr fühlt und was Ihr Euch auszusprechen fürchtet: Er ist ein Verräter!

Auch ist er wie ein reißender Wolf, der im Schafsfell in die Herde eindringt...

Unersättlich ist er: Die mit Speisen gefüllten Tische schätzt er bei weitem mehr als die Altäre der Tempel. Und außerdem ist er habgierig; das Blut der Gläubigen saugt er aus, wie der Wüstensand die Regentropfen aufsaugt.

Der Priester ist eine seltsame Kreatur: Er hat den Schnabel des Adlers, die Krallen eines Tigers, die Zähne einer Hyäne und die Haut einer Natter. Nehmt ihm sein Buch, zerreißt ihm sein Gewand, zupft ihn am Bart, macht mit ihm, was Ihr wollt, dann kehrt zurück und legt ihm einen Dinar in die Hand, und er vergibt Euch lächelnd. Ohrfeigt ihn, bespuckt oder tretet ihn, dann ladet ihn an Euren Tisch ein, und er wird alles vergessen. Zufrieden wird er seinen Gürtel lockern, um seinen Magen mit Euren Speisen und Getränken zu füllen. Schmäht den Namen seines Herrn, verwerft seine Lehren oder spottet über seinen Glauben, dann schickt ihm einen Krug Wein oder einen Korb Früchte, und er wird Euch verzeihen und Euch segnen vor Gott und den Menschen.

Das ist das Idol, das Ihr fürchtet: der Mönch, der Euch ausbeutet; der Priester, der mit der Rechten das Zeichen des Kreuzes macht und mit der Linken Euer Herz ergreift; der Bischof, den Ihr als Diener eingesetzt habt und der sich zu Eurem Herrn aufspielt; Ihr habt ihn heiliggesprochen, und er hat sich in einen Dämon verwandelt; ihr machtet ihn zum Stellvertreter, und er wurde eine lästige Bürde. Das ist der Schatten, der Euren Seelen folgt seit ihrer Ankunft in dieser Welt bis zu ihrer Rückkehr in die Ewigkeit. So ist es auch mit dem Mann, der an diesem Abend hierherkam, um mich anzuklagen, weil sich mein Geist auflehnte gegen die Feinde Jesu des Nazareners, der Euch liebte, der Euch seine Brüder nannte und für Euch gekreuzigt wurde.

Das Gesicht des gefesselten Jünglings leuchtete, denn er spürte das Erwachen der Herzen, die ihm zuhörten, und auf den Gesichtern der Menge konnte er den großen Eindruck ablesen, den seine Worte auf sie ausgeübt hatten. Mit lauterer Stimme als zuvor fuhr er fort: Ihr habt gehört, Brüder, daß Scheich Abbas vom Emir Amin asch-Schehabi zum Gouverneur dieses Dorfes ernannt wurde. Ihr habt auch gehört, daß der Emir vom Sultan zum Gouverneur der Region des Libanon-Gebirges eingesetzt wurde. Habt Ihr aber auch von der Macht gehört, die den Sultan als Herrn des ganzen Landes bestimmte? Diese Macht seht Ihr weder verkörpert, noch hört Ihr sie sprechen. Aber Ihr fühlt ihre

Gegenwart in den Tiefen Eurer Herzen, und Ihr werft Euch betend vor sie nieder.

Es ist Euer himmlischer Vater, der die Könige und Emire einsetzt und alles auf Erden bewirkt. Und wie könnt Ihr glauben, daß Euer Vater, der Euch liebt und Euch auf den Weg der Wahrheit geführt hat, wünscht, daß Ihr unterdrückt und erniedrigt werdet? Wie könnt Ihr glauben, daß Gott, der den Nebel in Regen verwandelt, der aus Samenkörnern eine Ernte wachsen läßt, der Blumen blühen und Früchte reifen läßt, wünscht, daß Ihr hungrig und elend seid, damit einer unter Euch wohlgenährt ist und das Leben in vollen Zügen genießt? Glaubt Ihr etwa, daß der himmlische Geist, der Euch die Liebe zu Euren Frauen, die Zärtlichkeit zu Euren Kindern und das Erbarmen mit Eurem Nächsten eingibt, Euch einen strengen Herrn vorsetzt, der Euch unrecht tut und ausbeutet?

Ihr könnt das alles nicht glauben, denn wenn Ihr es tätet, würdet Ihr die Gerechtigkeit Gottes leugnen. Ihr würdet das Licht der Wahrheit verneinen, das über allen Menschen leuchtet. Was aber veranlaßt Euch, dem Bösen beizustehen gegen Euch selber? Und warum fürchtet Ihr den Willen Gottes, der Euch als freie Menschen schuf? Warum macht Ihr Euch selber zu Sklaven derjenigen, die sich gegen sein Gesetz auflehnen?

Gott hat Samen des Glückes in Eure Herzen gesät. Warum entfernt Ihr die Samenkörner aus Eurem Innern und legt sie auf den Felsen, damit die Adler sie auflesen und die Winde sie zerstreuen?

Gott schenkte Euch Söhne und Töchter, damit Ihr sie auf den Weg der Wahrheit führt und ihnen als kostbarsten Schatz die Freude und die Freiheit vererbt. Ihr aber hinterlaßt sie leblos in den Händen der neuen Zeit als Fremde auf

ihrer eigenen Erde und als Unglückliche vor dem Angesicht der Sonne! Der Vater, der seinen freien Sohn als Sklaven zurückläßt, gleicht er nicht dem Vater, der seinem Sohn einen Stein gibt, wenn er ihn um Brot bittet?
Habt Ihr nicht gesehen, wie die Vögel der Felder ihre Kleinen das Fliegen lehren? Warum bringt Ihr Euren Kindern bei, ein Joch und Fesseln zu tragen? Habt Ihr nicht gesehen, wie die Blumen der Täler ihre Samenkörner der Wärme der Sonne anvertrauen? Wie könnt Ihr Eure Kinder der Kälte und Dunkelheit aussetzen?
Khalil schwieg einen Augenblick, als ob die Gedanken dazu in solcher Fülle auf ihn einstürmten, daß er sie gar nicht alle in Worte kleiden konnte. Zusammenfassend sagte er: Diese Worte, die Ihr am heutigen Abend gehört habt, sind der Grund dafür, weshalb die Mönche mich aus dem Kloster vertrieben haben; und der Geist der Worte, dessen Schwingungen Eure Herzen erreichte, stellt das Vergehen dar, für das ich festgenommen und gefesselt wurde. Und wenn der Herr Eurer Felder und der Priester Eurer Gemeinde mich nun töten lassen, werde ich glücklich sterben, denn dadurch, daß ich Euch die Wahrheit zeigen durfte, hat sich der Wille meines und Eures Schöpfers erfüllt.
Die Überzeugungskraft und Begeisterung, mit der Khalil gesprochen hatte, ließ die Herzen der Männer erzittern, die ihn mit Erstaunen und Bewunderung anblickten wie Blinde, die plötzlich ihr Augenlicht zurückgewinnen. Und der sanfte Klang seiner Stimme hatte es bewirkt, daß die Frauen ihn mit tränennassen Augen ansahen. Scheich Abbas aber und der Priester Elias bebten vor Zorn und wanden sich, als lägen sie auf einem Lager aus Dornen.
Nach einer Weile erhob sich Scheich Abbas, sein Gesicht war bleich. Mit grober Stimme schalt er die Diener, die um

ihn herumstanden: Was ist los mit Euch, Ihr Hunde? Sind Eure Herzen schon vergiftet, ist das Leben in Euch erstarrt? Seid Ihr nicht imstande, diesen geschwätzigen Ketzer zu zerreißen? Hat Euch dieser Teufel behext und mit seiner höllischen Magie Eure Arme gefesselt? Warum ergreift Ihr ihn nicht und schlagt ihn nicht nieder?

Bei diesen Worten zückte er ein Schwert, das sich in seiner Nähe befand, und stürzte sich damit auf den gefesselten Jüngling, um ihn zu erschlagen. Doch ein Mann aus dem Volk kam ihm zuvor und sagte ruhig zum Scheich: Leg das Schwert an seinen Platz zurück, Herr, denn wer das Schwert nimmt, wird durch das Schwert umkommen!

Da zitterte Scheich Abbas; das Schwert fiel aus seiner Hand, und er rief: Stellt sich der schwache Diener seinem Herrn entgegen, der ihm stets seine Gunst erwiesen hat?

Der Mann entgegnete ihm: Der treue Diener beteiligt sich nicht am Unrecht seines Herrn. Dieser Jüngling hat nichts als die Wahrheit gesagt!

Ein anderer Mann trat vor und sagte: Dieser Jüngling hat nichts getan, was zu verurteilen wäre. Warum verfolgst du ihn?

Eine Frau rief: Er hat weder die Religion noch den Namen Gottes geschmäht. Warum nennst du ihn einen Ketzer und Ungläubigen?

Rachel nahm allen Mut zusammen, trat vor und sagte: Dieser Jüngling spricht in unser aller Namen, und er leidet an unserer Statt. Wer ihm Böses zufügt, tut es auch uns, und wer sein Feind ist, ist auch unser Feind!

Wutentbrannt unterbrach Scheich Abbas sie: Und du lehnst dich auch auf, du schamlose Witwe! Hast du vergessen, wie es deinem Mann erging, als er sich vor fünf Jahren gegen mich auflehnte?

Da stöhnte Rachel, als sie diese Worte hörte – wie jemand, der ein furchtbares Geheimnis begriffen hat. Dann wandte sie sich an die Menge und rief: Habt Ihr gehört, wie der Mörder in der Stunde des Zorns sein Verbrechen zugibt? Erinnert Ihr Euch noch, wie man meinen Mann tot in den Feldern aufgefunden hat, wie Ihr nach dem Mörder suchtet und ihn nicht finden konntet, weil er sich hinter diesen Mauern versteckte? Wißt Ihr noch, wie furchtlos und mutig mein Mann war? Habt Ihr ihn nicht Scheich Abbas' gotteslästerliche Taten kritisieren hören und miterlebt, wie er sich gegen seine Unterdrückung auflehnte?
Der Himmel hat den Mörder Eures Nachbarn und Bruders entlarvt! Er hat ihn hier vor Euch ein Geständnis ablegen lassen! Schaut ihn Euch an und lest sein Verbrechen auf seinem fahlen Gesicht! Seht, wie er es mit seinen Händen bedeckt, um Euren Blicken auszuweichen! Seht, wie ängstlich und unruhig er ist! Euer Herr und Meister zittert wie ein geknicktes Rohr! Der mächtige Mann fürchtet sich vor Euch wie der schuldige Knecht! Gott hat Euch rechtzeitig die verborgene Schuld dieses Mörders offenbart. Er hat Euch die verbrecherische Seele dieses Mannes gezeigt, der mich zur Witwe unter Euren Frauen machte und meine Tochter zur Waisen unter Euren Töchtern.
Während Rachel auf diese Weise in die Menge rief und ihre Worte wie Blitze auf das Haupt des Scheichs Abbas schleuderte, während das Rufen der Männer und das Seufzen der Frauen wie schweliger Feuerbrand um sein Gehirn wogte, erhob sich der Priester Elias, nahm den Scheich bei der Hand und führte ihn zu seinem Sitz zurück. Dann sagte er mit zitternder Stimme zu den Knechten: Ergreift diese Frau, die Euren Herrn in falschen Verdacht bringt! Bringt sie zusammen mit dem Ungläubigen in ein finsteres Verlies! Und

wer sich Euch widersetzt, ist ihr Komplize und wie sie aus der heiligen Kirche ausgestoßen!
Die Diener bewegten sich nicht von ihren Plätzen und leisteten dem Befehl keine Folge. Sie blickten vielmehr den gefesselten Jüngling an und Rachel und Miriam, die zu seiner Rechten und Linken standen wie Flügel, mit deren Hilfe er sich über den Nebel erheben konnte.
Der Priester rief außer sich vor Zorn: Leugnet Ihr die Gunst Eures Herrn, Ihr Undankbaren? Verratet Ihr ihn wegen eines ungläubigen Verbrechers und einer schamlosen, lügenhaften Frau?
Der Älteste der Diener erwiderte: Wir haben Scheich Abbas gedient und von ihm unser Brot erhalten; aber wir waren niemals seine Sklaven. Er zog seine Abaya\* und Kufiya\*\* aus und warf sie Scheich Abbas vor die Füße, indem er fortfuhr: Ich möchte nicht, daß mein Körper von diesem unwürdigen Gewand profitiert und meine Seele Schaden nimmt im Hause dieses Mörders!
Alle Diener taten es ihm nach, und sie mischten sich unter die Bauern, während man auf ihren Gesichtern den Ausdruck der Befreiung wahrnehmen konnte.

8

Zwei Monate vergingen, in denen Khalil damit beschäftigt war, die Geheimnisse seines Geistes in die Herzen der Bauern zu pflanzen. Täglich beantwortete er ihre Fragen und erzähl-

---

\* weiter Umhang.
\*\* Kopfbedeckung aus einem viereckigen Tuch, das diagonal gefaltet und unter einem Kopfring getragen wird.

te ihnen von ihren Rechten und Pflichten. Zum besseren Verständnis erleuchtete er seine Worte mit anschaulichen Beispielen aus seinem Leben bei den Mönchen, und er stellte so einen starken Zusammenhalt her zwischen sich und ihnen. Und die Bauern lauschten ihm mit einer Freude, welche die Freude der trockenen Felder über den herabströmenden Regen noch übersteigt. Sie wiederholten sich seine Worte in ihrer Einsamkeit und verliehen seinen Wünschen und Zielen durch ihre Liebe eine Form. Keiner beachtete den Priester Elias, der ihnen schmeichelte und zu Gefallen redete seit der Entdeckung des Verbrechens seines Verbündeten. Er verhielt sich ihnen gegenüber nachgiebig wie eine Kerze, nachdem er früher hart wie Marmor gewesen war.
Scheich Abbas litt seitdem an einer Geisteskrankheit. Wie ein Tiger ging er in seiner Säulenhalle hin und her und auf und ab und rief mit lauter Stimme nach seinen Dienern; doch keiner antwortete ihm außer den Mauern. Und er rief laut um Hilfe, aber keiner eilte herbei außer seiner armen Frau, die unter seinem groben Charakter ebenso gelitten hatte wie die Dorfbewohner. Und als die Zeit des Fastens anbrach und der Himmel das Nahen des Frühlings ankündigte, da ging zusammen mit dem Ende von Sturm und Schnee auch die Lebenszeit des Scheichs Abbas zu Ende. Er starb nach langer, leidvoller Agonie, und seine Seele erhob sich auf dem Teppich seiner Werke, um vor dem Thron Gottes zu erscheinen, dessen Existenz wir nicht sehen, aber fühlen. Die Meinung der Bauern über den Grund seines Todes war unterschiedlich: Ein Teil von ihnen glaubte, daß er an seinem Wahnsinn gestorben sei; andere meinten, daß die Verzweiflung über seine verlorene Macht sein Leben vergiftet und er seinem Leben selber ein Ende gemacht habe. Doch die Bäuerinnen, die seine Frau besucht hatten, um sie zu trö-

sten, erzählten ihren Männern, daß er aus Angst gestorben sei, denn der weise Semaan ar-Rami, der ermordete Mann der Witwe Rachel, sei ihm in seinen blutbefleckten Kleidern erschienen und habe ihn um Mitternacht zu dem Ort geführt, wo man ihn vor fünf Jahren tot aufgefunden hatte.


9

Die Tage des April verkündeten den Bewohnern jenes Dorfes das Geheimnis der Liebe, das die Seelen von Khalil und Miriam verband. Ihre Gesichter leuchteten vor Freude, und ihre Herzen tanzten vor Glück. Die Bauern fürchteten nun nicht mehr, daß sie der Jüngling eines Tages verlassen könnte, der ihre Herzen geweckt und ihren Horizont vergrößert und erweitert hatte. Überall verbreitete sich die gute Nachricht, daß er ihr Nachbar sein werde und der geliebte Schwager eines jeden von ihnen.

Und als die Zeit der Ernte kam, da gingen die Bauern auf die Felder, sammelten das Korn und brachten es auf die Tenne. Scheich Abbas war nicht da, um die Ernte gewaltsam an sich zu nehmen und sie in seinen Speichern anzuhäufen. So erhielt ein jeder den Ertrag des Feldes, das er angebaut hatte, und die Hütten füllten sich mit Korn und Mais, mit Öl und Wein.

Khalil aber teilte mit ihnen ihre Freuden und Spiele und ihre Arbeit: Er half ihnen, die Ernte einzubringen und die Weintrauben zu pressen, und er unterschied sich in nichts von ihnen außer durch seine Liebe und seinen Eifer.

Von diesem Jahr an bis zu unserer Zeit bewirtschaftet jeder Bauer in diesem Dorf mit Freude das Feld, das ihm anvertraut ist, und voll Befriedigung erntet er die Früchte seiner

Arbeit. Das Land und die Weingärten gingen in den Besitz desjenigen über, der sie hegte und pflegte.

Und nun, nachdem ein halbes Jahrhundert seit diesem Ereignis vergangen ist, in dem die Augen der Libanesen geöffnet wurden, kommt der Reisende auf seinem Weg zum Zedernhain an diesem Dorf vorbei. Er hält staunend an und bewundert die Schönheit dieses Dorfes, das wie eine junge Braut am Berghang liegt. Er stellt fest, daß aus den Hütten schöne Häuser wurden, umgeben von fruchtbaren Feldern und blühenden Gärten.

Wenn er dann einen Bewohner nach der Geschichte des Scheichs Abbas fragt, wird dieser auf die Steine zerstörter Mauern zeigen und sagen: Das ist der Palast des Scheichs Abbas und zugleich die Geschichte seines Lebens. Und wenn er ihn nach Khalil fragt, wird er mit der Hand nach oben zeigen und sagen: Dort wohnt unser guter Khalil! Aber die Geschichte seines Lebens wurde uns von unseren Vätern mit leuchtenden Buchstaben auf die Seiten unserer Herzen geschrieben, und weder die Tage noch die Nächte werden sie auslöschen.

Die Auswahl der Texte von Antoine de Saint-Exupéry (Flug nach Arras) geschah mit freundlicher Genehmigung des Karl Rauch Verlags, Düsseldorf. Das © der französischen Texte liegt bei Édition Gallimard, Paris. Das © der deutschen Übersetzung liegt beim Karl Rauch Verlag, Düsseldorf.

Die Auswahl der Texte von Khalil Gibran (Rebellische Geister) und Carl Gustav Jung (Gesammelte Werke, Band 17) geschah mit freundlicher Genehmigung des Walter Verlags, Düsseldorf und Zürich.

Khalil Gibran, Antoine de Saint-Exupéry,
Carl Gustav Jung

# Der Traum ist die Arbeit der Seele

Worte und Gedanken zur Welt der Träume

100 Seiten, Halbleinen
ISBN 3-545-20219-4

Dem Träumen auf den Grund zu gehen, gehört zu den vornehmlichsten Aufgaben der Jungschen Psychologie. Das Träumen selbst hat für den Menschen eine geradezu lebensnotwendige und lebenserhaltende Funktion.

Und dennoch sind Träume nach wie vor rätselhaft und auch das Eigenartigste, was die Seelenarbeit hervorbringt. Träume entbehren der Logik, sie sind phantastisch und scheinen sehr irreal und haben dennoch entscheidenden Einfluß auf die den Menschen bestimmende Wirklichkeit. Ihnen wohnt die Kraft inne, eingeschlagene Wege in Frage zu stellen, zu korrigieren oder sogar neue Lösungswege vorzugeben.

Wenn in diesem Büchlein die Gedanken Carl Gustav Jungs mit Texten von Antoine de Saint-Exupéry und Khalil Gibran, den beiden Philosophen unter den Schriftstellern, verbunden sind, wird das zugrunde liegende Traumverständnis um etliche Dimensionen erweitert: Es geht um das breite Spektrum der Phantasie, des Erinnerns, der Symbole, Tagträume, Sehnsüchte, inspirierter Botschaften und Visionen.

Benziger

Khalil Gibran, Antoine de Saint-Exupéry,
Carl Gustav Jung

# Gib dem Menschen die Ewigkeit wieder

Worte und Gedanken zur Humanität

100 Seiten, Halbleinen
ISBN 3-545-20220-8

Auf ganz unterschiedliche Weise haben sich diese drei Persönlichkeiten des 20. Jahrhunderts mit den Ideologien ihrer Epoche auseinandergesetzt. Ein tief religiöses Empfinden sowie die Überzeugung, daß der Mensch, der versucht, sich von dem Transzendenten zu lösen, seine Wurzeln verliert und innerlich verarmen muß, verband sie, wie auch ihr Bemühen um das Heil des Menschen, das sie in der Übereinstimmung von Seele und Existenz erkannten.

Benziger